決定版
次世代帝王学

10代でミリオネア

日本の未来のための7つの提言

ジョニー岡本

はじめに　人生のアーティストになるために！

点の世界から面の世界へ

6年前、56歳のときに、最愛の一人息子を授かりました。

彼が20歳になる時には、私は76歳になっています。

この歳で子供を授かったことで、私の人生は一変しました。これまでに得た自分の経験と知見をフル活用し、彼がたくましく育っていくための教育を、この手で準備したいと思ったのです。それが私の人生の集大成になるだろう、と。

その象徴が、この本のタイトルでもある「10代でミリオネア」という明確な目標です。

この目標を速やかに、鮮やかに達成することは、日本にいては難しい。

そう考えて、まずは息子をインターナショナルスクールに入れて、小さい時から英語を学ばせました。

さらに昨年、彼が6歳になったのを機に、父子でインドネシアに居を移すことにしました。

なぜなら、彼に世界的視野を持った人間に育って欲しいと思ったからです。

そのためには、沈み行く大国日本より、いまや人口が世界4位、国民の平均年齢が20代という、活力に満ちた未来の大国、インドネシアで子育てするメリットが大きいと考えました。

目標は「10代でミリオネア」。さらに言えば、「20代でビリオネア」です。


なぜ、インドネシアを選んだのか?

主な理由を挙げてみましょう。

・健康な体、たくましい心。

・多くの人との交流。
・少なくとも3か国語をマスター。
・自分で稼ぐ力。
・小さいときから金融リテラシー。
・国際的視野。
・環境としてのインドネシアの立地の素晴らしさ。
・人間的成長と、自然へのまなざしを同時にはぐくむ。

これらの教育目標を、日本にいながらにして達成するのはほぼ不可能であると考えて、何の躊躇もなく移住しました。

私は東南アジアに多くの拠点をもっています。

シンガポールに法人を設立していますし、マレーシアやベトナムでもビジネスをしています。つまり、国としてのインドネシアを選んだわけではなく、「**エリアとしての東南アジア**」を選んだということなのです。時々帰る日本も含め、4、5か国が私の生活圏（ビジネス圏）となっています。

私がアジアでどんな活動をしているかは、この本の後半で触れたいと思います。

すでに小さな国際人

昨年6月に移住して1年以上を経過したわけですが、すでに息子が手に入れたのは、日本にいる時には予想だにしなかった充実した毎日です。

空手と水泳で体を鍛え、3か国語を話し、世界中の25か国から集まってきた多種多彩な学友と共に学んでいます。

ピアノの腕もメキメキ上達し、「小学生のうちにピアノを教え始める」という未来イメージも、あっという間に手に入れてしまいました。すなわち、中学生になる頃には、ピアノ講師として一人前の収入が約束されているということです。インドネシアでは、年齢差のない先生から楽器を習うことが普通なのです。

また「世界一小さなジャーナリスト」として、ＹｏｕＴｕｂｅ番組を主宰し、アジアで活躍する実業家や芸術家に英語でインタビューをしています。

すでに金融リテラシー教育を始めており、7歳になった今春からは、株式投資やＦＸの実地体験もスタートしています。「10代でミリオネア」、「20代でビリオネア」は夢でも何でもない、手を伸ばせば容易に届く目標というわけなのです。現在の日本での子育てでは考えられない「未来」です。


先ほど、移住先として「エリアとしての東南アジア」を選んだと書きましたが、話はこれにとどまりません。

彼が籍を置いているインドネシアのインターナショナルスクールは、年間で3分の1ほどの休みがあります。その間、シンガポールのサマースクールに通ったり、シンガポールから目と鼻の先にあるマレーシアのジョホールバルのインターナショナルスクールで学んだり、あるいは遠く離れた芸術の国、ヨーロッパでの修行も視野に入れています。すなわち、6、7歳にして、まさにインターナショナルな環境に身を置き、日夜新しい刺激を受け続けているのです。

あるいは、こんなふうに表現することもできるでしょう。彼が接する日本人は、地域としての日本に縛られず、知的ノマドとして全世界を舞台に活躍している日本人が中心です。一瞬もとどまることのない世界の変化に敏感に反応し、世界と共に歩んでいる日本人のコミュニティが、息子の日本人としての居場所なのです。

したがって、彼が身につけている日本人としてのキャラクターは、地球人として未来を見据えている日本人のそれであり、同時に彼は、これからの日本を牽引していく国際的リーダーシップを学びつつある、といっていいでしょう。

人生のアーティストという生き方

これからの子育ては、親の経験則でやってはいけない、というのが私の基本的な考えです。何十年前の親の成功体験を押し付けられた子どもは不幸です。

特に、いまだに右肩上がりの余韻に浸っている日本人には、これからの日本を取り巻く過酷な現実がまったく見えていません。

しかし、子育てする親が世界に視野を広げれば、そこには無限の可能性が広がります。

そして、同時に日本の生きる道も見えてくるのです。

最初は親が伴走したとしても、やがて早晩、子供が自力で人生を切り拓くステージに立たなくてはなりません。

子供は、親が死んだあとも、人生というバッターボックスにずっと立ち続けなくてはならないのです。

これからの日本人は、「人生のアーティスト」にならなくてはならない。私はそう信じています。

誰かが敷いてくれたレールに従って進んでいけば、成功や繁栄を約束されていたのは、はるか過去の話。

これからは、自分の未来、家族の未来（とりわけ子どもたちの未来）に責任を持たなくてはなりません。

少々失敗しても軌道修正できるのは、自分で選び、自分で決めた道を歩む人だけ。「人生のアーティスト」となり、悔いのない人生を作品として残しましょう。

それこそが（それだけが）この沈みゆく大国を、再び浮上させる唯一の道と考えて、この本を世に出すことにしました。


本書のサブタイトルは、「未来の日本のための7つの提言」です。

第1章から第7章まで、章を追いながら7つの提言の中身を明らかにしていくつもりです。

その前に、「序章」では、61歳で父子で海外移住を決意した私が、これまでどんな人生を送ってきたか、手短にスケッチしたいと思います。

私には30年前から、「日本の未来」が見えていました。社会は人によって作られ、人によって壊されていく、そう実感していたのです。

だから早々に大企業から足を洗い、自分で事業を構築し、35歳でセミリタイアするとともに、活動の重心を海外に移しました。

私の人生の総仕上げが息子の誕生であり、昨年から始まった彼との二人三脚の海外生活なのです。

では、私が自分の人生を自分でマネージする方法を手に入れた、若い日のエピソードからお話ししていきましょう。

目次

目　次

第２章　未来志向で考えよ！……73

Hareyama Books

晴山書店はアートを愛する出版社です。

Hareyama Books
is a Japanese publishing house that loves art.

Mugi Kinoshita is a digital watercolor illustrator from Kyoto, Japan with production experience in animation concept & background art and children's picture book illustration. Kinoshita aims to create a world of healing and inspiration, restoring the viewer's inner spirit. She studied art in the United States for four and a half years.

目　次

目　次

目次

序章　人生のアーティストに目覚める！

シンガポール
iStock.com/F11photo

不思議少年の誕生

私が生まれたのは東京タワーが完成した3年後の1961年。時は高度経済成長期の真っ只中。実質経済成長率が10％と、国全体が活気付いていた時期で、人々が欲望を素直に表現していた時代ともいえるでしょう。

3年後にオリンピックの開催を控えた東京は、各所で開発ラッシュ。都心の近代化が一気に加速しました。世界に目を向けると、ジョン・F・ケネディがアメリカ合衆国大統領に就任し、ガガーリンが人類初の宇宙飛行を成功させたのがこの年。私が育った岡山県は、国体の開催に沸き立ち、戦後復興の区画整備事業がやっと完成に近づいていました。

幼少期の私は一風変わった子どもでした。突然予言めいたことを口にし、それが現実のものとなることで大人たちを驚かせることもしばしば。あるとき、「事故が起こる」ということを言い当ててしまったものだから、母親が大慌て。私が周囲からきみ悪がられることを心配したのでしょう。「悪い未来は口にしてはいけないよ。これからは『いいこと』だけを言いなさい」と、たしなめられました。

思ったこと、感じたことをそのまま話しているだけなのに、それが他人にとっては「普通ではない」ということを理解するのには少しばかり時間がかかりました。もしかして自分は宇宙からきたのではと考えた時期もあります。周囲に溶け込んだり、迎合したりすることが苦手なのはどうやら生まれつきのようです。

事業家としての素質はあの頃からあったのかもしれません。当時、ジュースの空き瓶を商店に持って行くと1本5円くらいで買い取ってくれたのです。コカ・コーラの空き瓶をせっせと集めては店に持っていき仮面ライダーのスナック菓子を買ったりしていました。

欲しいものがあるとき、すぐに親にせがむのではなく、どうやったら自分の力で元手を生み出し、手に入れられるかということを、直感的に考える子だったようです。

原資を生み出す労力と物の価値のバランスを、小さな頃から体感で会得してきたようにも思います。

暗黒期の始まり

そんな私は一部の大人に「可愛げのない子」にうつったようです。とくに教師に嫌われ続けた小学校時代は、まさに人生の暗黒期第1章。担任教師が同級生を先導し、クラスで仲間外れにされることがたびたびありました。いまの時代では、教師がいじめを先導するなど言語道断、すぐにニュースになってしまいますが、当時は体罰も指導の一環とされていた時代。教室で公然と私への村八分が行われていました。

確かに私は教師にとって可愛くない生徒だったと思います。私は小さなころから矛盾やごまかし、嘘、方便といったものが許せない子だったのです。教師の態度や言葉に矛盾があると追求せずにはいられませんでした。

決して教師を非難したかったわけではありません。ただ矛盾を放置し、辻褄が合わなくなるとごまかし、嘘と方便でやり過ごすことがたまらなく気持ち悪かったのです。

どんなに村八分にあっても私が態度を改めないものだから、教師も私に対する制裁の手を緩めることはなく、3年生から5年生までいじめられ続けるといった始末。しかし6年生になるとき、「そんな手に負えない生徒がいるなら、俺が見てやる」と担任をかって出てくれた先生がいたのです。

学校一怖いと恐れられていた犬飼瞬也先生というのですが、私の個性を認めてくれた初めての先生だったように思います。犬飼先生はソフトボール部の顧問も務めており、強化選手に選ばれていた私は、厳しいながらも愛情深い指導を受け、ようやく学校で呼吸ができるようになりました。

そんな私ですが、同級生からは人気がありました。自分でいうのもなんですが、矛盾に屈せず堂々と立ち向かう姿は、さながら正義の味方のように見えていたのかもしれません。

テレビでは勧善懲悪の正義のヒーローが絶大な人気を誇っていた時代です。いじめられている子がいれば、飛んでいって身を挺して守ってあげる、そんな行動力やリーダーシップを多くの級友が支持してくれました。

2年生から6年生まで学級委員長を務め、最終的に児童長に選出された私は12歳にして、**「人を助けることを人生のミッションにしよう」**と心に決めたのです。

周囲と違う生き方、枠にとらわれない人間性で、この先も誰かに嫌われることがあるかもしれない、煙たがられることもあるかもしれない。それでも私は私のやり方で誰かを助けて生きていく、これが私の人生である。私の小学校時代、暗黒期第1章はこの決意へ辿り着くための試練だったのかもしれません。

ツッパリから世直しへ

長かった暗黒期を終え華やかな中学校生活へ、といいたいところですが、私の人生はなぜか簡単には進みません。中学に上がるとともに暗黒期第2章が幕を開けたのです。きっかけは兄が保証人になり借金を背負ってしまったことでした。

それまでの我が家はというと、父が大手建設会社に勤めていたので、とりわけ裕福というほどではありませんが十分な暮らしをしていました。それが一気に極貧生活へと転落。苦痛なまでの貧しい暮らしに精神的にまいってしまった両親はケンカが絶えず、毎日のように怒鳴り合う日々。中学生の自分にはなすすべもなく、家庭内の不和は5年近く続きました。

追い詰められた両親が自殺を口にしたり、兄がどこかへ姿をくらましてしまったり、借金取りの横暴な取り立てに警察が出動したり。混沌として救いようのない日常。

時代は「ツッパリ全盛期」。「辛い家庭環境にある子が非行に走る」が世の定番だった時代にあって、私もご多分に洩れず硬派な暴走族の道へと足を踏み入れました。

しかし私は「立派な暴走族」にはなれませんでした。親が悪い、時代が悪い、社会が悪いと、何もかもを周囲のせいにして、怒りを暴力に変えケンカや破壊行動に明け暮れる、というのが暴走族の生態ですが、小学生にして「人を助けることを人生のミッションにしよう」と心に誓った自分には、どうもこの暴走族的思考が馴染めなかったのです。

困っている人を目にすると助けなくてはいられない、そんなマインドがどうにも発動してしまい、高校時代はなぜか「世直し」に精を出していました。不良の世界にいると、助けを必要としている人というのが目につくものなのです。不良もみんな精一杯生きているのです。そしてそれぞれに悩みを抱えていたりするものなのです。

そんな人を見つけてはお節介のような人助けで世直しをしていく。自分のために生きるより、誰かの役に立ちたいという思いは、私を完全に不良の道に引き摺り込むことはできなかったようです。

相変わらず我が家は貧しかったので、ごみ収集、焼却場の清掃、皿洗い、新聞配達と、バイトを掛け持ちし、お金を稼ぎながら暴走族に参加する日々でしたが、一方では学校にしっかり通いながら自分なりに世直しに取り組む、そんな高校時代を経て、私は大学進学を機に上京しました。

当時の私は家から離れたい一心で上京を決めたのですが、末っ子の私を猫っ可愛がりしていた母は、涙を流しながら見送ってくれました。

花盛りの大学時代

ひと足先に東京に出ていた姉が町田市で一人暮らしをしており、私の上京初日、最寄り駅まで迎えに来てくれました。「東京に行くのだから、めいっぱいおシャレしなくては」と岡山で大流行していたヤンキールックに身を包み、意気揚々とホームに降り立ったのですが、あのときの姉の顔はいまでも忘れられません。

茶髪、アフロ、ニカボッカ。友人と連れ立って到着を待っていた彼女は、目の端で私を捉えると他人のふりをしてやり過ごし、友人に隠れて私の出立ちに「恥ずかしい！」と文句をつけました。

なるほど、東京にはヤンキールックの大学生などいないのかと学んだ私は数日後、散髪屋に行き、当時流行中だったサーファーカットにしてもらいました。サーフィンなどやったこともないのに、ファッションも一気に変え、「丘サーファー」の出来上がり。中学時代から貧乏を経験し、新聞配達をして大学の進学費用を貯めた私ですが、なんとか「大学デビュー」を果たすことができました。

私の大学時代といえば高度経済成長期の終盤、バブル突入の数年前で、世の中はたいそう華やいでいました。スキーやテニス、サーフィンといったレジャースポーツが大学生を中心に流行しており、深夜に大型観光バスで都内を出発し、スキー場や海、避暑地へ行くツアーが大盛況。大学でもレジャー系スポーツサークルが雨後のタケノコのようにできていた時代です。

大学2年になった私はサークルに加入するのではなく、自分で立ち上げることを思いつきました。幼少期に空き瓶を集め、自分の力で欲しいものを手にしていた私は、高校時代の数々のバイト経験を通じて、さらにビジネス感覚を養ってきたのでしょう。流行りのツアーを見ながら、「何をどうすればお金が儲かるか」ということが頭の中で簡単に組み立てられるようになっていました。

「リバーサイドスポーツクラブ」という名のサークルを立ち上げ、早速テニスとスキーのツアーを企画。私自身はどちらもやったことがありませんでしたが、勝算はありました。まず会員集めのビラは女子学生にだけ配り歩きました。なぜかってそれは、休日に流行りのレジャースポーツを楽しむ「リア充な女子学生」の多いサークルには自然と男子学生も集まってくるからです。

この作戦が見事あたり、会員数は一気に150人に。バスや宿泊先の手配にかかる費用を計算し、その金額に手間賃を乗せることでサークルの利益を生み出すわけですが、会員が150人もいれば、あっという間に儲けは膨らみます。

実費に一人当たり1万円乗せるだけでも一回のツアーで儲けは150万円。こんなツアーを年に数回企画していたので、気がつけば、私の作ったサークルは学内で一番大きな団体となっていました。

「出る杭」が受ける洗礼

シーズン中は近県へのスキーツアーやサーフィンツアーですが、夏休みなどの長期休みには沖縄や鹿児島県・与論島へも行き先を伸ばし、企画の規模を拡大。近距離ツアーでの信用が実績となり、長距離ツアーも参加希望者が後を立たず、数年前までは新聞配達で学費を稼ぐ「新聞少年」だった私が、３年生になると高級車を買えるまでになりました。

元来、目立つのが好きではない私は、サークルが大きくなってもキャンパス内を我が者顔で歩くような真似はせず、純粋に参加者が喜んでくれる企画を作ることに精を出していたのですが、学内で一番大きなサークルにまで成長してしまうと、否が応にもひと目についてしまうもの。

気づけば、上級生が私のサークルを潰そうと、あの手この手を仕掛けてくるようになりました。人気のサークルがたくさんあれば、それだけ学内が活気付くわけですし、ツアー参加者はよその大学から集めてきてもいいわけですから、なにも「大学内で潰しあう」ような真似をする必要はないはずです。

しかし出る杭を打ちたくなる人は必ずいるのです。成功している人を見ると足を引っ張りたくなる人がいるのです。私がサークルを作るより前に学内一ともてはやされていたサークルの代表が直々に会いにきて、「目立つサークルは二つといらないんだよ」と凄まれたこともありました。

小学校時代に担任から嫌われ続けた私はいわゆる「いじめ耐性」がついていたので、上級生から睨まれても臆することなく、我が道をゆくとばかりにサークルを継続していましたが、上級生はそんな私が憎たらしかったでしょう。

教師に嫌われ、上級生に嫌われ、いつも「出る杭は打たれる」とばかりに叩かれ続ける人生に、「これでは会社員になるのは無理だ」と思いました。組織の風土に迎合するのも好きではないし、群れるのも性に合わない、周囲とのバランスをとって才能を殺して生きるのもおかしな話。こんな私は日本社会には合わないのだろうという思いは日に日に強くなっていきました。

「働く」って楽しくないの？

サラリーマン生活は自分には無理だろうと感じながらも、いまのように「学生起業家」などという言葉がなかった時代です。大学を卒業したら企業に就職するのが当たり前とされていました。私の将来を案じ就職先を世話してくれた父の思いに報いたいという気持ちもあり、私の社会人生活は大手建設会社に勤めることからスタートしました。

しかしオフィスに一歩足を踏み入れた途端、愕然としました。一人として楽しそうに働いている人がいないのです。

学生時代、ツアーの企画で新卒社会人の年収以上の収入を得ていた私は、「事業」が楽しくて仕方ありませんでした。自分で考え、自分で責任を持ち、自分で人を楽しませ、自分で収益を上げる。これらを当たり前のことと考えていた私は、どうやら「社会人」というものに幻想を抱いていたようです。

目的意識をもち、社会のためにエネルギッシュに働く、それが社会人だとばかり思っていましたが、ところがどっこいです。覇気のない顔で上司からいわれたことをこなすだけの先輩たちに囲まれ、3か月で「これ以上、ここにはいられない」と思いました。

1日も早くこの場から離れたいと思いましたが、父と顔見知りの上司に「1年くらいは頑張ってみなさいよ」と説得されたため退職できず、しかし合わない場所で無理を押して働いていたら、体に異変が出てきました。あちこちに痛みが走り、なんとか気を紛らわそうと、先輩に「何を楽しみに働いているのですか」と質問してみたのです。

するると先輩は「四半期ごとに会社から割り当てられる接待交際費があるだろ。あれは余ると次の期に減らされちゃうから、ちゃんと使い切ることが大事なんだよ。終業後に適当な接待をでっちあげて経費を使い切る。それがここで働くモチベーションだね」というのです。

「ああ、もう無理だ。とても耐えられない」。膝から崩れ落ちる思いがし、建設会社を辞めることにしました。

頭角を表すのは御法度

その時、たまたま手にした雑誌が「月刊デビュー」というオーディション雑誌でした。歌手やタレント、俳優のオーディション情報が掲載されている雑誌をなぜ自分が手に取ったのかはわかりませんが、パラパラとページをめくるうち、タレントを育てるマネージャーになりたいという思いに至りました。

学生時代、流行りのサーファールックに身を包み、立ち上げたサークルを学内一に育て上げた自分には華やかな世界が向いているように思いましたし、ツアーの企画・売り込みを通し、営業活動には自信がありました。また小学校時代に心に決めた人生のミッション「人を助けること」を実現するためには、人を育てる仕事が合っているようにも思ったのです。

まさにタレントマネージャーは自分にぴったりではないかと思い、さっそく目についた大手芸能プロダクションに電話をしてみました。タレントの募集にマネージャー希望者が連絡してきたので、電話口の人はたいそう驚いていましたが、「まあ、なんか面白いから来てごらんなさい」とすぐに採用が決まりました。

その会社には人気のタレントやモデルが多数所属していましたから、自分なら3か月で成果を出せるだろうと思っていたら、本当に3か月で営業成績がトップになりました。

すると、案の定です。所属タレントの仕事が次々決まるわけですから、会社としては喜ばしいことのはずですが、同僚や先輩からは瞬く間に「やっかみ攻撃」が始まりました。

そう、会社という組織では頭角を表してはいけないのです。トップに躍り出た瞬間に、周囲から嫉妬され、足を引っ張ろうとする人たちに狙われる。

営業力の高さを武器に、タレントを引き抜き独立する気ではないかといった謂れもない疑いの目まで向けられる始末。

ここまでくると自分は「出る杭は打たれる」という星の下に生まれたのかと諦めるしかありません。思えば小学校時代からずっとこの繰り返しです。何かを一生懸命頑張ろうと思うと、必ず誰かに叩かれる。仕事に対して全力を賭して成果を上げる。たったこれだけのことがなぜ、すんなり受け入れられないのか。

自分はこれからどう働いていけばいいのか、自分で事業を立ち上げるしかないのか、しかしそれには先立つものが、と悶々とした時間が流れました。

決意の25歳

「名刺の印刷を受注してきてくれたら仲介料を払うよ」。そういってくださったのは、仕事で知り合った印刷会社の社長でした。組織に馴染めず、生き方に迷う私に独立を勧めてくださったのです。

別に名刺が作りたかったわけではありません。ただ、営業力には自信がありました。そしてなにより独立すれば、自分一人の裁量で動くことができます。やっかむ同僚も足を引っ張る先輩も、死んだ目で働く社員もいない環境で、思いっきり自分の力を試せるのです。

この話に飛びついた私はさっそく住んでいたマンションを解約し、返還された35万円を握り締め、家賃を節約するために姉の家に転がり込みました。そして私は「6か月計画」を立てたのです。

5万円は非常時のための予備費としてプールし、1か月5万円でしのげれば自分には6か月の猶予がある。この6か月でなんとしても事業を軌道に乗せる。そうタイムリミットを自分に課すことで、俄然、やる気が沸きました。

生活費は1日500円。電車賃がもったいないので中古の原付バイクを買い、都内を走り回り、毎日50件近く飛び込み営業をする日々。インターネットなどない時代ですから、とにかく汗水垂らして、地べたを這い回るように泥臭く駆けずり回りました。

あのときの自分にあったのはやる気と根性だけ。もともと印刷業界にいたわけではありませんから、なんのノウハウもありませんでしたが、とにかく寝る間を惜しんで働きました。

その熱意が伝わったのか、運が良かったのか、あるとき営業先から「カタログやパンフレットの印刷はできないの？」と聞かれました。名刺の印刷は100枚刷って500円程度の儲けでしたが、カタログやパンフレットなら単価が上がるので当然儲けも大きくなります。

やったこともないのに、持ち前の強気で「できます！」と答え、とにかくもらえる仕事は片っ端から引き受けていきました。そして、所持金わずか35万円で決意した独立は、タイムリミットの6か月目を待たずして、なんとか見通しが立つところまで辿り着くことに。

このとき自分へのご褒美に中古のポルシェを買いました。それが25歳の秋の出来事です。

動き出した「信用」の歯車

事業というのは歯車が回り出せば雪だるま式に大きくなっていくもので、その歯車の原動力はいつだって「信用」なのです。私はそう思っています。愚直に実直に営業回りを続けていたことで、クライアントから「こんなことできるか?」「あんなことできるか?」と相談を持ちかけられるようになりました。

やったことがないことでも決して断らず、死に物狂いで勉強しながら結果を出し、言い訳をせずに信用を積み上げていく日々。名刺の印刷受注が展示会のパンフレットの受注に繋がると、「じゃあ、その展示会の設営もお願いするよ」といった具合に発展し、気がつけば印刷とはまったく関係のない仕事まで任されるようになりました。

図面など書いたこともない自分が、会場に足を運び、手書きで平面図を作成し、施工会社に持ち込み展示ブースの設置をお願いする。何件かこなしていくうちに、会場全体が把握できるようになり、「ブースの設営と演出は切り離せませんから、一緒にお引き受けします」と自ら申し出て、映像・音響・照明に至るまで総合演出を手がけるようになりました。

幕張メッセのような大きな会場で行われる展示会に大手企業がブースを出展する際は、電通や博報堂といった大手広告代理店が仕切りをするのが一般的でしたが、私の演出が評判になると、代理店を介さず直接企業からお声がかかるようになりました。

そうして、私は「印刷屋さんの営業担当」から「ハウスエージェンシーの担当責者」へとステップアップしていったのです。

冴わたる先見の明

ハウスエージェンシーは簡単にいうと、企業と代理店の間に入って、広告の予算や企画の調整を行う役割です。会場の設営で施工会社と直接仕事をしていた私は、展示にかかる「原価」がわかるので、企業のコストダウンに貢献することができました。時はバブル崩壊の1991年。私は30歳になっていました。

少しずつ企業が経費削減に目を向け始めた時期ですが、バブルが弾けたからといってすぐに日本が貧しくなったわけではありません。まだまだテレビやイベントといった業界にはお金がありましたから、私はハウスエージェンシーとしてクライアントの広告事業を引き受け、テレビ局に出入りすることが多くなりました。

当時はまだ「コンサル事業」という言葉がなかった時代ですが、私がやっていたことは広告・宣伝・ブランディングのコンサルタントのようなもの。クライアント企業の商品を情報番組のセットに飾ったり、視聴者プレゼントにしたりといった企画はクライアント・テレビ局・視聴者の三者から喜ばれ、非常に評判のよいものでした。

そんな華やかな世界に身を置きながら仕事をするうちに知り合いも増え、なにか大きなことに挑戦したいと考えたとき、「ブライダル産業見本市」の開催を思いつきました。

当時からブライダルショーはたくさん行われていましたが、複数の企業が参加する合同展示会は存在していなかったのです。しかし私には「これからブライダルの時代がくる」というひらめきがありました。

子どものころは、このひらめきを母から「予言」といわれましたが、ビジネスの世界でいうなら「先見の明」といったところでしょう。

ウェディングドレスの第一人者、桂由美さんなどにご協力いただき幕張メッセで一大ブライダルショーを開催しました。タレントにステージに上がってもらうと、マスコミも取材に来ますから評判が評判を呼び、３日間で３万５千人が来場する大盛況。

この流れにのってブライダルプロデューサーを養成する学校を設立しました。もともと人集めの戦略を立てるのは、大学時代から得意でしたが、この頃には、**どのようにアプローチすれば人々の心に届くか**ということが手に取るようにわかるようになっていました。

養成学校の説明会では、パンフレットに人気のタレントの挙式実績を掲載することで、来場者の95％が入学するといった具合に、多くの受講者を集めることができました。

印刷屋から広告屋、イベントプロデューサー、カルチャースクールの運営と、私の経営者としての経歴は一見、一貫性がないように見えるかもしれませんが、常に「信用」を担保にクライアントの要望に尽くしたり、人々を喜ばせたりすることでステップアップしてきました。

どの事業も必然と呼べるほど、まっすぐ一本の糸で繋がっているのです。汗を流して信用を得て、結果を出すことで実績を積み上げさらに信用を得る。信用貯金が常に私を前へと走らせてきました。

世の中が浮き足立っていたバブル期を経て、華やかなメディア業界でプロデュース業を行いながらも、決してブレることなくやってこられたのは、常に私が「**自分で自分の人生をプロデュースする**」という視点を持っていたからでしょう。

幼少期から矛盾を嫌い、教師に嫌われながらも自分を曲げなかった頑固さは、独立する25歳まで、さんざん周囲から叩かれてきましたが、自分の欠点だと思っていた性格が、事業を立ち上げることでようやく花開いたのです。

30年前に気づいた日本の弱点

当時私はこれだけ大きな事業をいくつも手がけていたわけですが、大きな会社を経営していたと思いますか？。いいえ、すべて一人でやっていたのです。企画立案、プロデュース、制作実行まですべてを一人でこなし、実際に現場で動くスタッフはアウトソーシング。もちろん大変でした。体は一つしかありませんし、1日は24時間しかないのですから、常に時間に追われていました。

しかし人数が多ければいいというわけではありません。大手広告代理店は会議に10名もの社員を引き連れ、あーでもない、こーでもないと机上の空論を延々と披露するものですから当然会議の時間は長くなります。

クライアントもクライアントで、展示会の設営を決める際、ミニチュアを作ってこっちに設置しようか、いやいやあっちに設置しようかなどいつまでもいっている始末。

どうしてこんなに会議が好きなのだろうと不思議でたまりませんでした。

しかし彼らは会議が好きなのではありません。企画会議の名目で、参加者を長時間拘束し、「仕事をしているふり」をするのが好きなのです。そのことに気がついたとき、「あぁこのままでは日本は終わるな」と感じました。

大企業が時間とお金を浪費しながら、「大企業である」という事実にあぐらをかいている。そんな社会はいずれ衰退するに決まっていると、私は30年前に気がつきました。いまの世の中を見渡してみてください。私の予想は現実のものとなり、日本経済は「失われた30年」を取り戻すどころか、さらに下降線をたどっています。

それではこの現状をどうやって打破するのか。政府は解決策を見つけられてはいません。少子化対策は実を結ばず、年金の受給額は引き下げられる一方。「グローバルな人材の育成を」といって始めた義務教育での英語導入も大きな成果を挙げているとはいえないでしょう。

日本を見限り海外進出しようとASEAN諸国に事業展開を図る企業もありますが、成功している会社は決して多くはありません。そんな「いま」が当時の私にはすでに見えてしまっていたのです。

25歳で独立して10年。しゃにむに働き一生困らないだけのお金を手にしましたが、いつかこの国はダメになってしまうだろうと気がついたとき、途方もない疲労感に襲われました。私は完全に燃え尽き症候群になってしまったのです。

そして1997年、35歳になった私は21世紀の到来を待たずして、セミリタイアをし東南アジアに拠点を移しました。

人生というアートを描くのは自分自身

海外に住むと、日本のよいところも悪いところもはっきりと見えてくるものです。しかし私はここで出羽守論を展開して、日本を批判したいわけではありません。もし、みなさんがいまの日本に不安を感じているのであれば、一緒に素晴らしい日本の未来を築く仲間になって欲しいのです。そして、子どもたちに素晴らしい未来と無限の可能性を与えられる同志になって欲しいのです。

いまの日本を立て直すには時間が必要です。小手先の対策で景気を少し上向かせても意味がありません。本当の意味で世界で活躍できる日本人を育てていく必要があります。そして日本が再び世界に認められる国になっていかなければなりません。

大人は、子どもたちを正しく導き、世界のどこにいても自分の人生を自分でプロデュースできる人間に育てる責任があります。そのためにはまず、大人自身が人生に対する価値観を変えなければいけません。これまで常識と思っていたことをリセットするのは簡単ではないでしょう。しかし、いまこそ社会を作る一人ひとりが変わっていかなければいけないときなのです。

勇気を持って自分の考え方を変えていくことができれば、この先の日本を決して不安がる必要はありません。そして自分の子どもを、10代でミリオネアを目指せる人間に育てることだって少しも、絵空事ではないのです。

その方法を次の章から7つのステップに分けて解説していきます。順を追って読んでいただければ、意識改革は決して難しいことではないとおわかりいただけると思います。そして、読み終わったあとにはきっと、人生をアートになぞらえ、自分のキャンバスを自由に描ける「人生のアーティスト」になれるでしょう。

そして、人生のアーティストになることが、自分の喜びにつながるだけでなく、豊かな日本の未来への道になるのだということがおわかりいただけると思います。

タイ・バンコク
iStock.com/Aaphkon Yusomsri

第1章　脱依存のすすめ！

ぶら下がって生きるな！

日本は世界一電車が遅れる国？

「日本のよいところは？」と聞くと、「治安がよい」「清潔」などと並んで「電車が時間通りにくる」ということを挙げる人がいます。これには海外で電車に乗ったことがある人の多くが頷くでしょう。

旅慣れている人はおわかりでしょうが、多くの国で電車は「遅れて当たり前」のものなのです。時刻表などはおおよその目安でしかなく、到着が15分、20分遅れようと誰も気にしません。

しかし日本では、電車は定刻運行が当たり前。在来線も長距離列車も正確に走っていますから、少しでも遅れようものなら、「ただいま、○番ホームに到着予定の電車は5分遅れで運行しています」といったアナウンスを耳にすることになります。

都心の電車はそもそも5分間隔くらいで走っていたりするので、次にくる電車が定刻通りなのか、5分前にくるべき電車だったのか、乗客もさして気にしていないでしょう。

しかし鉄道会社にとっては「予定通りに運行すること」が非常に大切なので、たった5分の遅れでも「ご迷惑をおかけし大変申し訳ありません」といったアナウンスが流れるわけです。

5分の遅れなど誤差の範囲であって遅れたことにならないと考える国では乗客は「遅延」として認識しません。しかし日本ではこの程度の遅れでも、改札口へ行くと「遅延証明書」がもらえるので、鉄道会社はこの「数分遅れ」をきっちりカウントしているのでしょう。結果、日本は「電車の遅延の数が世界一多い国」となるわけです。

行き過ぎた完璧主義

日本の鉄道運行網は世界一といってもいいほどで、自他ともに認める「公共交通、快適国」にもかかわらず、しょっちゅう、駅のホームで遅延を詫びるアナウンスを耳にするとはなんとも皮肉な話です。こんなふうに自分で自分の首を絞めて、なにかいいことがあるでしょうか。

世界幸福度ランキングで日本の順位が低い理由もこの辺りにあると私は思っています。この調査で、日本は上位国と比べ「人生の選択の自由度が低い」「寛容さがない」ということがわかっています。

行き過ぎた「完璧主義」が自分の自由も他者の自由も奪い、自分にも他者にも寛容になれない社会を生み出しているのではないでしょうか。「いえいえ、私は完璧主義ではありません」と思う人もいるでしょうが、子供時代を振り返ってみてください。

小学校のころから「こうでなければならない」「ああでなくてはならない」といった「学校のルール」の中で、日本人は育ちます。ルールのおかしさに気づき声を上げた子は、私のように教師から忌み嫌われたのではないでしょうか。

反抗的だ、協調性がないと注意されたり、果ては親の育て方が悪いといわれたり。そんな「空気」を自然に吸って育った人はすっかり体内細胞に取り込まれ、知らないうちに「ルールから外れない主義者」へと育つのではないでしょうか。

「社長に守ってもらえて幸せです」

ちゃんとルールを守らなければ、正しく行動しなければ、もっと頑張らなければと小学校のころから刷り込まれた考え方に窮屈さを感じ、大人になってから、「日本社会には自由がない」と口にする人はたくさんいます。しかし本当にみんな自由を求めているのでしょうか。私にはそうは思えないのです。

日本人は長年、「ルールから外れなければ安泰」という保障を享受してきました。その結果生まれたのが「会社依存」という精神です。「会社依存」はなにも、「奴隷のように働かされても文句をいわない社畜」だけを指しているわけではありません。

指示されたことだけをやっていれば首にはならない。黙って従っていれば定年まで働ける。自分から行動しなければ、責任を取らされることもない。そんな安寧な環境で無自覚なまま会社に依存している人が大勢います。

私は35歳まで日本で会社を経営しており、事業のほとんどを自分一人で行っていたと先ほど書きましたが、何人か社員を雇った時期もありました。しかし誰もお金を稼いできてはくれないのです。私が仕事をとってきて、売り上げを立て、利益を生むというパターンが常態化し、社員は「私の手伝いをしてくれる」だけ。

自ら動き、利益につながる仕事を獲得し、会社を大きくする一翼をになってくれることはありませんでした。あるとき社員に聞いたのです。この会社で働くことについてどう思っているのかと。するとこんな答えが返ってきました。「社長に守ってもらえて幸せです」。

「冗談じゃない。君たちを守るために汗水流しているのではない。もっと世の中を面白くできないか、もっと世の中を良い場所にできないか、そんな思いで企画を考え、走り回っているのに、社員ときたら屈託のない笑顔で、守ってくれてありがとうございますと感謝を述べるのです。「ああ、これが依存社会か」と虚しさが込み上げてきました。

「依存」という安心

　しかしこれは社員だけが悪いわけではありません。長年、この国の社会がそういう仕組みだったのです。学歴が偏重された時代は、優秀な大学を出れば将来が約束されたようなもの。一流といわれる大学以外の出身者は相応に決められたポジションを淡々と進むだけ。

　飛び級も逆転もないなかで、年功序列で役職や給与が決まるのですから、頑張ったところでこれといった旨味があるわけではありません。「まあ、会社さえ潰れなければ生活が保障されるのだから、文句をいわずに勤続年数を積み上げよう」という空気が長年、日本社会を支配していたといってもいいでしょう。

　景気がよかった時代はそれでも社会は前進していました。部下が余計なことを考えなければ、上司も管理がしやすかったでしょう。小学校の先生よろしく、部下の行動に逐一口を出し、徹底的に自分の指示に従う兵隊を育てるようなマネージメントでも、高度経済成長期には会社がどんどん大きくなっていきました。

1969年に出版された『能力主義管理―その理論と実践』という本があります。このなかで、終身雇用制のメリットは以下のように紹介されています。

・企業に対する忠誠心を植え付けること。
・優秀な労働力を定着確保すること。
・長期の人員計画および育成計画を行うこと。

これは、世界の多くの国がなしえなかった終身雇用制を導入し、見事に実現した日本経済の素晴らしさを讃えているように読めますが、実際は社員を飼い慣らし、会社依存症へと導く手法にほかなりません。

そしてこのツケがまわってきたのです。「いまの若者は『指示待ち人間』で、自分から動こうとしない」など嘆いても後の祭り。また、新しいことに興味を示さず、これまで通りにやっていれば失敗もないのだからと安全な道を進もうとするのは、若者だけでなく中高年も同じです。

しかし、リストラや早期退職が増え、終身雇用が過去の神話となったいま、突然ハシゴを外され、なすすべもなく宙ぶらりんとなった会社依存症患者が、まだ「国がなんとかしてくれるのでは」と指をくわえて待っているのです。

ダダ下がりする中流

かつて「一億総中流社会」といわれた時代がありました。猛烈に働き高度経済成長を支えた中流層は消費行動も積極的で、新しいものや楽しいことが大好き。どんどん稼ぎ、どんどん使う、そんな元気な中流層がこの国の経済を回していた時代がありました。

さて、みなさんは「中流層の暮らし」というとどんなことをイメージしますか。持ち家がある、自家用車がある、正社員として働いてる、年に一度は海外旅行に行く。こんなことを挙げる人が多いのではないでしょうか。

しかし、本当にこれがいまの中流の暮らしでしょうか。「持ち家なんて夢のまた夢」

「自家用車は維持費がかかる」「養育費を考えると子どもは一人しか無理」こんな声が聞こえてくるではありませんか。

そう、日本は「中流の地滑り」が止まらないのです。賃金が上がらず、消費が拡大しない、そんな負のスパイラルが30年以上続いているのですから、雇用を支える企業も疲弊しています。

企業が稼げなくなると人材への投資が縮小しますから、ますます企業や働き方のイノベーションは起きにくくなります。バブル崩壊から失われた30年を経て、「なぜ日本は欧米型の働き方へシフトできないのか」などという人がいますが、まずは人々が企業や社会へ依存し、「組織がなんとかしてくれるだろう」と考える「ぶら下がり思考」を断ち切らなければならないと私は強く思います。

そろそろみなさん、目を覚ましましょう。企業が、組織が、国が何かを変えてくれると期待し、ただ待っているだけという思考は捨てましょう。私はこれまでさまざまな国の友人に「日本人の印象は?」と質問してきました。多くの友人が、困った顔をしながらしばし考え、「うーん、まじめ……？」と答えるのです。

　そう、日本人の印象は「まじめ」くらいしかないのです。しかしこれは少しも褒めてはいません。「まじめ」であることを見習う気も、讃える気もないのでしょう。しかし友人である私に気を使って、貶すわけにもいかないので、「まじめ……？」と尻すぼみな疑問形で答えているのだと感じました。

「まじめなだけが取り柄の人間です」というのは、自己紹介でよく耳にするフレーズですが、会社に依存し、自分の人生に責任を取らず、ただ黙って周囲と足並みを揃える自分を「まじめな人間」と肯定し、誤魔化すのはもうやめにしましょう。

　それでも「自分は中流」だと目の前の危機から目を逸らしてきた結果、あなたの属するその「中流」は地滑りを起こしているのです。それでもなお「いまそこにある危機」を認めたくない人は、まるで「延々と続く負け戦を戦う術」を身につけるかの如く、いつまでも会社にぶら下がり続けます。しかし考えてみてください。あなたは、あなたの子どもに「上手なぶら下がり方」を教え込みたいと思いますか？

信用貧乏では生き抜けない人生100年時代

日本の景気がよかった時代は大企業に勤めていることがその人の信用になりました。「あんなにすごい会社に就職できたのだから、優秀な人なのだろう」と周囲が一目置いてくれたかもしれません。確かにいまでも、大企業の社員なら住宅ローンの審査が通りやすいといったメリットはあるでしょう。

しかし終身雇用制が揺らぎ始めたいま、会社名を盾にした「虎の威を借る狐」も、ひとたび会社を放り出されれば、信用は一気にゼロになります。大企業であるがゆえ、若いうちにはなかなか大きな仕事を任せてもらえず、実績も自信もつけられないまま、30歳、40歳と歳をとり、信用貯金もゼロのままでは、到底社会では戦えません。

結局、大企業でも中小企業でも、正社員でも非正規社員でも、信用貯金は自分自身の責任で、貯めていかなければならないのです。そのためには「自分の人生は自分でプロデュースする」という覚悟を持たなければなりません。

親のいうことを聞いて、先生のいうことを聞いて、まじめに生きていれば国が、会社が人生を保障してくれる、そんな幻想は捨て去りましょう。依存体質からの脱却にはまず、固定概念を捨てることからです。

リベラルアーツのすすめ

これまで常識と思っていた考えを捨てることを恐れる人はたくさんいます。確かに既存の考えにしがみつき、誰かが生きた道をなぞる方が安心でしょう。しかしその方法で先行きが見通せるかといえば、答えはノーです。時代はどんどん変わっていきます。

とくにこれからの10年、20年はこれまで以上に社会が変化していくでしょう。一つはＡＩの登場です。ある研究では今後10年から20年で既存の職業の約半数がＡＩにとって変わられるとされています。その筆頭にお店のレジ打ちなどが挙げられますが、これまでエリートとされてきた金融・保険業やコンサルタント業も例外ではありません。

ＡＩが普及しても淘汰されない職業は限られています。事業や仕組みをプロデュースする側にたつ、スポーツ選手や芸術家として人々を感動させる、卓越した技術を持った専門家になる、ＡＩには難しいとされるホスピタリティを追求する、こういったものは今後も残っていくでしょう。

しかし人生の選択肢が狭まると嘆く必要はありません。むしろ生き方はどんどん自由になっていきます。機械ができる仕事は機械が引き受けてくれるのですから、人間は人間にしかできないことにだけ集中すればよいのです。人が瑣末な労働から解放され自由に生きられる時代がくると考えればワクワクしませんか？

「いえいえ、まじめだけが自分の取り柄ですから」といって尻込みしてしまう人は、まずリベラルアーツを身につけることから始めてみてください。リベラルアーツとは一般教養と訳されることが多いですが、つまりは「**自由に生きる術**」を身につけることなのです。

私は自分の子どもに、世界中の人とのびのび交流できるようになってほしいと考え、2歳の時から英語を学ばせています。いま彼はインターナショナルスクールで25か国の友達と一緒に学び、多様な価値観のなかで、枠にとらわれずにさまざまなことに挑戦しています。

なぜ子どもにそのような環境が必要であると考えたかというと、自由に生きるためには「自由に決断する力」、自己決定力が必要だと思ったからです。では自己決定とは何かというと、**「選択肢を複数持つこと」**と**「その中から最適解を選び出すこと」**の二つが重要であると考えます。

しかし、小さいときから学校のルールに縛られ、右にならえの考えで育っていては、目の前に無限の選択肢があることに気付けない人間になってしまうでしょう。いま息子が通っている学校には25か国の生徒がいます。人種も宗教も歴史も文化も概念も違う子どもが集まっているのですから、当然教師は「自分の価値観」を生徒に押し付けることは不可能です。

そのような環境で、子どもは自分で考え、自分で選択肢を見つけ、自分が最適と思う答えを自分で導き出し、自分で行動する術を養っています。

それではすでに大人になってしまった人はリベラルアーツが身につけられないかというと、そんなことはありません。私自身、複数の国に拠点を構え、行き来しながらさまざまな人と出会い、毎日たくさんの学びを得ています。

その中でも、とくに重要であると感じているのが、「グレートヒューマン」に出会い、彼らの立ち居振る舞いを学ぶことです。私は大きなことに挑戦し、巨万の富を築きながら、社会にも貢献している人たちをグレートヒューマンと呼んでいます。

彼らに共通するのは非常に謙虚で思いやりに溢れ、細かなことにもよく気がつくということです。子どもの同級生の親には中国や欧米の大富豪もいるのですが、私が一人で一生懸命子どもの相手をしているのを見かけると、遠くからでも笑顔で手を振りながらビールを持ってきてくれたりするのです。

決して自分を大きく見せることはせず、相手に気を使わせない気さくさを持ち合わせている彼ら。どれだけ多くの事業を手がけていようとも、謙虚な物腰と穏やかな笑顔を決して忘れることなく、実に軽やかに日常を慈しんでいるのです。

そう、あなたは自分を、他人を慈しんでいますか?。そしてかけがえのない日常を慈しんでいますか？。

コロナ禍に人々の暮らしや働き方は大きく変化しました。国は副業を奨励し、国民に老後資金を自力で貯めるよう促しています。

終身雇用制が強固だった時代は、会社の中と外の境界線が明確でしたが、これからは複数の会社を掛け持ちする人も出てくるでしょう。正規と非正規、二つの身分を持つ人も出てくるでしょう。

「正解のない時代」はすでに始まっています。そんな中で、大切なのは「自分が何をして生きていくのか」を自分で考え、強く意識することです。つまりセルフプロデュースができるかどうかで、この先、生き残れるかどうかが決まるのです。

私はこの数年が非常に重要な局面だと考えています。生き方を変えるビッグチャンスともいえますが、最後のチャンスともいえるでしょう。厳しい言い方をしますが、いま変われない人は、いずれ時代に飲み込まれ、淘汰されてしまうでしょう。

もはやアジアのリーダーではない

会社や社会への依存から脱却し、リベラルアーツを身につけることと並んで、もう一つ、みなさんにしてほしいことがあります。それは「日本はすごい」という驕りを捨ててほしいのです。

もちろん日本には素晴らしい文化や歴史があります。私は決して日本人としてのアイデンティティを失ってほしいといっているわけではありません。ただ「かつての強かった日本」は、もはや存在しないということに気づいてほしいのです。

第二次世界大戦で東南アジアを支配した日本は大東亜共栄圏を建設しようとしました。また、高度経済成長期には日本製品が世界中で飛ぶように売れ、その生産工場を人件費の安い東南アジアに置くなどしたため、日本がアジアのリーダー的立ち位置にいた時代がありました。

そのような経緯からいまだに東南アジアの人に対し、見下した態度をとる日本人がいます。しかしASEAN諸国での日本のプレゼンスはどんどん薄くなっています。

街で日本製品の広告を見かける機会が減り、日本に憧れる人や、日本に働きに行きたいと思う人は少なくなっています。

これから海外に出ようと考えている人で、間違った古い価値観のままの人は、まず意識をアップデートし、国籍で虚栄をはるのをやめてください。このことに気づかず、事業で失敗する日本人を私は何人も見てきました。

東南アジアなら安く人を雇えるだろう、日本製品ならみんな欲しがるだろう、みんな日本企業で働きたがるだろう。そんな奢り昂りはとうの昔に通用しなくなりました。

私が、長年の海外生活で感じた、日本企業が海外で成功できない理由をあえて、箇条書きにしてみましょう。

・決断に時間がかかる。
・蘊蓄《うんちく》ばかりで、行動に移さない。
・自分の意見をコロコロ変える。
・自分の利益を優先する。

・マウンティングが大好き。
・相手の方が立場が上とわかると態度を急変する。
・素直さがない。

まだまだありますが、この辺にしておきましょう。

こういった考えを改められない人もまた、間違った意識への「依存患者」といえるでしょう。「無意識に前提としている何か」に囚われ、古い考えから脱却できなければ、自分を2・0へとアップデートすることはできません。この呪縛から自分を解放してくれるのもリベラルアーツなのです。

これまで常識と思っていた考えを捨て、依存してきたものと離れなければならないと思うと不安になる人もいるでしょう。しかし恐れることはありません。脱依存とは、**新しいことを学ぶことで、意識を新たにしていく**ことなのです。まだ知らないことを学び、身につけると思うとワクワクしませんか。

脱依存の第一歩は知的探求からです。そしてワクワクしながら学び、新しい扉を開こうとする自分の背中をぜひ、あなたの子どもに見せてあげてください。大人も子どもも、その気になればいつだって知識の冒険に出ることができるのです。

第2章　未来志向で考えよ！

日本の過去の栄光から決別せよ！

ジャパン・アズ・ナンバーワン

ここで20世紀後半の日本を振り返ってみましょう。『Japan as Number One』はアメリカ人社会学者、エズラ・ヴォーゲルの著書で１９７９年に発売されました。戦後の日本がどのようにして経済成長を成し遂げたかを分析し、日本型の経営を高く評価、アメリカ人が日本から学ぶべきポイントをまとめたものです。

この本の中では、日本人の学習意欲の高さや読書量の多さが優れた点として挙げられており、アメリカ人は教訓にすべきとされています。世界一の大国から見習うべきとされたのですから、当時の日本人はずいぶんと自信を持ったことでしょう。

元号が平成に変わったのはそれから10年後のこと。日本では消費税が導入され、ドイツではベルリンの壁が崩壊しました。

この年、東京証券取引所一部上場企業の時価総額が５０１兆３６６４億円となり、初めて５００兆円の大台に乗りました。ニューヨーク証券取引所の時価総額は

３４３兆円程度でしたから、日本は大差で世界一に。

当時の日本は、ソニーがコロンビア・ピクチャーズを買収し、三菱地所がロックフェラーセンターを買収するなど、日本経済がアメリカ経済を凌駕。日本企業がアメリカ企業を従える時代がくると予想されていました。

祭りのあと

しかし、泡はいつかはじけるもの。実体を伴わないまま法外なまでに膨れ上がった株や土地の価格を適正なものに戻そうと、日本銀行が金融引き締め政策を実施したことなどを機に１９９０年、バブル経済は崩壊しました。

１９９０年代初頭から約10年間、景気の後退や長期不況により日本経済は低迷。多くの人がバブル崩壊の後遺症と考えていましたが、不景気は10年で終わらず、20年、30年と続くうち、すっかり日本の慢性病となってしまいました。

バブルの最盛期には、世界の企業の時価総額ランキングでトップテンに日本企業が

7つもラインクインしたことがあります。しかし2023年は、トップ100に入ったのはトヨタ自動車（39位）、1社のみ。21世紀に入ってからの日本企業の凋落ぶりは私が説明するまでもないでしょう。

なぜ日本の景気回復策はことごとく失敗したのか。金融不安により、企業が守りの姿勢に入っているなど理由はいくつかありますが、人口の減少も大きな要因でしょう。出生率は約30年間、下降の一途をたどっています。

生産年齢人口が減れば働く人が減るわけですから、当然生産力は落ちます。また同時に消費も落ち込むので、企業は国内投資を控える傾向にあり、内需は拡大しません。また、高齢者1人を現役世代何人が支えているかというと、1960年には約11人でしたが、2014年には2・4人となりました。日本政府はこのまま少子高齢化が続けば、2060年には高齢者1人を現役世代1人が支えなければならないと推計しています。これにより20歳そこそこの若者までもが将来の年金を心配するという、なんともトホホな状態。

「失われた30年」は単なる不景気ではなく、大きな精神的ダメージまで、国民に与えたといえます。

（参考　内閣府　https://www5.cao.go.jp/keizai-shimon/kaigi/special/future/sentaku/s2_3.html）

日本経済の現在地

２０２４年１月、日経平均はバブル後最高値を更新し、33年ぶりの高水準となりました。企業の賃上げも相次ぎ、日本銀行はマイナス金利政策を解除、17年ぶりの利上げを決定しました。

長く続いたデフレの状況からようやく潮目が変わってきたといえるでしょう。しかし景気回復を実感している人はどれほどいるでしょうか。物価の上昇に賃金アップが追いつかなければ、消費が拡大しないどころか、生活は厳しくなる一方です。

また体に染みついたデフレマインドは簡単には拭い去れないもの。バブル崩壊後、長きにわたって多くの企業が生き残りのため賃金を上げず、コストカットに集中してきた結果、人々は突然インフレがやってきても節約をやめません。余ったお金は預金に回すなど、「将来の不安に対する保険」とばかりに、貯め込み姿勢を変えようとしないので、そう簡単には個人消費の回復とはならないのです。

そして、G7の国々が堅調な経済成長率を示すなか、日本はもう何十年も下落か横ばいか微増の一進一退。ほかの国が豊かになっていくなかで、自国だけ足踏み状態では、相対的貧しさの感覚はつのる一方です。

SNSなどを見ていると、海外旅行に行った人が外国の物価の高さに驚き、「この国ではマクドナルドでランチするだけで何千円もかかるんです」などと報告しているのを目にしますが、決してマクドナルドが高級飲食店に変容したのではありません。日本が豊かになり損ねたのです。

現実から目を逸らすな

生産人口の減少や円安といった不安要素から、久々のインフレを素直に喜べず、人々の消費行動に変化がみられない現在の日本。「経済大国・日本」、「輸出大国・日本」、「産業大国・日本」と呼ばれていたころの面影はありません。

高度経済成長やバブル期を知らない若い人は、生まれたときから「節約、節約」ですから、好景気など想像もできないでしょう。しかしこんな時代になってもまだ「日本はすごい」と信じ「かつての栄光」が忘れられない昭和型人間が大勢いるという事実に、私は驚きを禁じ得ません。

確かに、一番輝いていた時代をベースに作られたセルフイメージを手放すのは容易ではないでしょう。そこにしがみつきたい気持ちもわかります。そもそも、これから「成功を目指す」より、かつての「栄光を取り戻す」ほうが簡単そうに思える気持ちもわからなくはありません。

日本という国にどのようなイメージを持つかは、みなさんの自由です。しかし「世界の中の日本」をイメージするときには、どうか現実から目を逸らさず、意識を外に向け、客観的な視点を持ってください。

数年前から日本の至るところで外国人観光客を多く見かけるようになりました。観光地へ行くと、日本人旅行者のほうが少ないということも珍しくありません。とくにコロナ後は、観光地だけでなく街中でも多くの外国人旅行者に出会います。「日本に旅行にくるなんて、お金があるんだねぇ」などと思っている昭和型人間がけっこういるから驚きです。彼らが日本にくる理由は物価が低いから。つまりいまの日本はお金をかけずに安く遊べる国なのです。

彼らは決して日本に憧れを抱き、大枚を叩いてはるばるやってきたわけではありません。そして、旅行者の人気が上がる一方で、労働者からの人気は下がっています。日本政府は減少する労働人口を補おうと、あの手この手で海外から労働者を呼び込もうとしていますが、出稼ぎ先としての日本の魅力は下降傾向。賃金の安さに円安も追い目となり、日本にきても稼げない、母国にいる家族に十分な送金ができないと、帰国する労働者もいます。

一方で最近は日本の若者が、海外の方が稼げるからと出稼ぎに行く現実を知っていますか?。人気なのはワーキングホリデーが取りやすいオーストラリア。畑で農作物を収穫して時給約2000円。スターバックスでアルバイトして、週末なら時給

２５００円。

日本で月給20万円だった介護士がオーストラリアで月給90万円になったというニュースがネットを賑わせたことがあります。また年収３００万円だった寿司職人がアメリカの寿司屋で年収３０００万円になったという話も。

日本で介護士の月給が１００万円に近づく日はくるでしょうか。将来的に高度な専門職としてさまざまな資格を持った介護士が誕生し、施設の形態も多様化し、変容を遂げるとしたら、いまより賃金が上がる可能性はもちろんありますが、月収１００万円が見えてくるかはわかりません。

寿司職人もそうです。見習いのうちは「修行」と称して少ない給料で早朝から深夜まで働き、シャリを触らせてもらえるのは3年過ぎてから。そんなことをいっている間に海外に出てしまった方が、ずっと稼げるし、シャリも握れるのですから、行動する若者は日本脱出へ流れるでしょう。

ジャパン・アズ・ナンバーワンの思い出をいまだに引きずっている人は、にわかに信じがたいでしょうが、日本人が海外へ出稼ぎに行くのが当たり前の時代が、もう目の前まできているのです。

良心価格って意味あるの？

海外から労働者がきてくれないのも、日本の若者が海外に働きに出るのも、もちろん理由は一つではありませんが、多くの人が「賃金の低さ」を挙げています。では、なぜ日本の賃金は上がらないのか。そこには失われた30年で根付いてしまったデフレマインドにより作られた、値上げを嫌う精神があります。

企業も個人商店も「価格据え置き」「うちは値上げしません」などと宣言すると拍手喝采を浴びる傾向があります。売値を抑えるのは企業努力、値上げに踏み切るのは努力が足りない、消費者の気持ちを無視しているなど、「値上げは悪」と決め込んだ無責任な大衆がこぞってSNSで怪気炎を上げるのです。

ロシアのウクライナ侵攻以降、燃料費や原材料の高騰が続いており、円安も重なり、企業はどうしてもコストがかさみます。にもかかわらず消費者の顔色を見れば値上げできないのですから、これでは賃上げどころではありません。

しかし、ここで冷静に考えてみて欲しいのです。「ニューヨークに行くとラーメン１杯３０００円もする」と騒ぐ人がいますが、ニューヨークで食べる一蘭のラーメンに３０００円の価値が認められたのなら、それは大変喜ばしいことではないですか。決して「高い＝悪」ではないのです。

価格とは本来そうやって決められるものです。提供されたものの価値に見合った対価、それが価格であり、価値なのです。ですから日本の無責任な大衆も、「良心価格」などという言葉で、企業やサービス提供者の思いやりを人質にとるのはやめにしましょう。

企業が価格を据え置くことばかりに奔走させられたことが日本を貧しくし、「失われた30年」をさらに引き伸ばそうとしている、そんな流れはもう終わりにしなければいけません。本来は、サービスや商品の付加価値を高め、値段を上げ、利益を従業員に還元するべきなのです。そのサイクルが回り出さなければ、日本人の出稼ぎは今後、もっと増えていくでしょう。

行きたい人は行けばいい、そう思いますか？　ただでさえ労働人口の減少をなんとかしなければと、海外から働き手を呼び込もうとしているのに、元気な日本の若者が海外へ出てしまえば、日本の労働力は完全に空洞化してしまいます。このままどんどん損をし続ける日本を、あなたは黙って見ていられますか？。

帰納法的思考からの卒業

ここまでずいぶんと厳しい話を述べてきましたが、私は日本の未来をまったく悲観してなどいません。それどころか、これからの日本をになってくれる子どもを育てることにワクワクしているのです。そしてこの本を読んでいるみなさんにも、日本の未来づくりの一員になって欲しいのです。

私は預言者でも占い師でもないので未来を言い当てることはできません。コロナの流行も長期化するウクライナ侵攻も、誰にも言い当てられなかったのですから、ほんの一年先だって、世界がどう変わっているかはわかりません。

しかし、いまを知り、本質を見抜くことができれば、自分の意思で望む方向へ進むことができます。そうやって未来は自分で決めればいいのです。

日本社会はほぼすべてが帰納法的な思考で動いています。帰納法は実験や実証などを通して具体例を集め、共通点を仮説として打ち立て結論に導く考え方です。

多くの企業が、これまでの事業モデルをもとに計画を立て、成長目標を作り実行しています。この帰納法的思考は、終身雇用制や年功序列が鉄壁だった時代にはよくフィットしていましたが、これからの30年はどうでしょう。

新しい産業を生み出したり、イノベーションを起こしたりするには、前例や慣例にとらわれることなく、いろいろな仮説を立て検証しながら修正していく必要があります。そうして、パラダイムシフトが起こることを待つのではなく、私たち自身が新しいパラダイムを探求していかなければなりません。

帰納法的思考は失敗を最小限に抑える方法として非常に有効です。長引く不況のなか、生き残りをかけ、安全第一のもとで事業を進めてきた企業はたくさんあります。会社には従業員の生活を守る責任がありますから、大きな冒険ができないからといって責めることはできません。

しかし、問題に直面し解決策が見出せず、新しいアプローチを試みなければ事態を打開できないという局面は、誰しも経験したことがあるでしょう。そのときに起こるのがパラダイムシフトであり、いまが日本社会にとって、そしてあなたにとっての「そのとき」なのです。

未来志向のススメ

2024年に入り、景気はややインフレに転じましたがまだまだ日本経済の未来が明るいわけではありません。私たちには「人口増に依存しない繁栄」という大きな課題が与えられています。

しかし、人口の減少を嘆いていても埒が開かないので、どう日本企業を再生させていくかといったとき、重要になるのが「人的資本」です。人的資本は個人の能力やスキルを資本とみなす考え方で、企業がこの人的資本をいかに経営に活かせるかで、これからの30年への構えが変わってくるでしょう。

そうとわかれば、やるべきことは明確です。あなたが、そしてあなたの子どもが、「人的資本が高い」と投資家から評価されるような人物になればいいのです。その第一歩が「未来志向」の会得です。

未来志向の持ち主は、将来を起点に物事を考え、そこから逆算していま、すべきことを考えることができます。思考の起点が未来ですから、いまに縛られることも、過去に囚われることもありません。

「これまでこうだったから」といった前例や失敗に影響されることもなければ、いまの自分にできるだろうかといった不安に流されることもないのです。ストッパーがなければ心はいつだって自由、目の前にあるのは無限の可能性。そう、「過去の栄光と決別すること」は少しも怖いことではないのです。

そうやって描いた未来は、「これまで」の制約を受けていませんから、とてもポジティブなものになるでしょう。そのポジティブな未来を信じる心が、現在の行動や意思決定に大きく影響します。未来志向はこの繰り返しが、あなたを理想の未来に導いてくれる思考術なのです。

絵空事で終わらせない戦略的先見性

ポジティブに未来を描こうといわれても、「いやいやいや」と首を横に振りたくなる人もいるでしょう。そういう人は先見的な戦略プロセスだと考えてみてください。先見的に戦略プロセスを考えられる人は、環境を自分の手で作ることのできるリーダーとしての資質を兼ね備えています。

これからの時代は子育てもこうあるべきだと私は考えています。時代がどんどん変化していくなかで、自分の成功体験や経験則で子どもに何が必要かを推し量ることはできません。

あなたの経験則はおそらくこれまでの30年くらいをもとにしたものでしょう。

日本が自ら「失われた30年」と呼ぶ時代に培った経験など、これからを生きる子どもには役に立たないのです。そこには勝利のカギもなければ、新たな市場セグメントの創出機会もありません。日本の未来を作る子どもたちに必要なのは、古びた社会モデルを変革したり、世界の潮流をいち早く察知したりする能力です。

また、先見的な戦略プロセスには有意義な可能性を描く力とリスクマネジメントの両方が必要になりますが、これは親子で分担するのが有効でしょう。

子どもというのは可能性の塊、いまここにないものを描く達人です。一方、親は子どものリスクを予測する力に長けています。**無用なリスクを回避しながら、子どもの描いた未来構想のポテンシャルがすべて引き出されるまで実行のサポートをする**、この二人三脚こそがこれからの時代の理想的な子育てだと私は考えています。

この子育て法は、過去のデータから計画を立てる帰納法とは違って、常にクリエイティブ。前例をなぞらず、未来を切り開くのですから、常にチャレンジングでアグレッシブです。そしてなによりも重要な点は、過去の誤った概念を踏襲しないので、偏見や差別がないのです。

グローバル感覚は必須科目

「子どもをグローバルな子に」というと、まず英語教育からと考える人は多いですが、「外国語が話せる＝グローバル」ではありません。それではグローバル感覚とはなにかというと、**国籍や人種、宗教、文化などの違いに関係なく、あらゆる人が互いに尊重し合うことができる態度、そして多様性を尊重する意識**です。

つまり偏見や差別、固定観念といったものとは対極にあるのが、グローバル感覚です。そう、先見的な戦略プロセスは、グローバル感覚と実に親和性が高いのです。その意味でも、未来志向は子どもも大人も身につけるべきものでしょう。

子どもはもともと、人間に優劣があるなどという考えは持っていませんから、子どもにそういった考えを植え付けてしまうのは大人の罪です。「過去の栄光」にしがみついた昭和型人間が子どもを東南アジアに旅行に連れていき、間違った背中を見せてしまうと、おかしな感覚を持たせてしまうかもしれません。

しかしそうして育てられた子は、絶対にこれからの世の中を生き抜いてはいけません。私は断言します。国籍や人種、国の経済状況で優劣をつけ、個人を見ようとしない人間は、自分もまた、一個人として見てもらえません。

そして、個人として評価されない人間は、これからの時代を生き抜くことはできないのです。

あなたが、あなたの子どもが、尊重され評価される人間になるために、まずは過去にしがみつく姿勢を捨てましょう。そして単に将来を夢想するのではなく、実行可能性を持った未来予想図を掲げられるよう、未来志向で物事を考える習慣を身につけてください。

第3章　金融リテラシーを身につけよ！

インドネシア・ジャカルタ
Stock.com/adiartana

欧米に学べ！
but
欧米も
苦しんでいる

お金オンチな日本人

ここまで本書を読み進めてくださったみなさんは、依存体質から脱却し、過去にしがみつく気持ちを捨て去ってくださったことでしょう。それではもう一つ、「お金は汚い」という考えもここで葬りましょう。

「子どもがお金のことを口にするんじゃない」そういわれて育った人は多いのではないでしょうか。お金について口にするのは下品なこと、そういう考え方が日本にはあります。「お金のために働くのはよくない」「コツコツ貯金することが大事」長年、私たちはそう刷り込まれてきたのです。

私が運営する事業家を育成する勉強会、通称「金龍隊」の門下生も、「お金の話は怪しい、怖い」という声を周囲で耳にしたことがあるといいます。「お金が怖いんですね。でしたらみなさんは毎日、怖いお金をもらうために働き、怖いままに使っているんですね」というと、ハッとした表情で「確かにそうですね……」と相手は呟いていたそうです。

当たり前のことですが、私たちはお金がなければ生活できません。家賃が払えなければ雨風を凌げませんし、今日の食事にもこと欠くようでは、健康で文化的な人間らしい暮らしはおくれないのです。大人になったら誰もが自分の力で生活費を稼ぐ必要があります。

いつまでも親のスネをかじり続けることはできませんし、ましてや年老いた親の年金からお小遣いをもらおうなど、もってのほか。つまりお金を稼ぐ力は生きる力、そのものなのです。

さらに、「老後２０００万円問題」もあります。日本にはもう、国民に十分な年金を支給する力がないので、足りない分は自分で若いうちから計画的に蓄えてくださいと国がいっているのです。

最近では１００歳まで生きる時代がくるといわれていて、２０００万円では足りないだろう、６０００万円くらい必要なんじゃないかという声も聞こえてきます。しかし長年、賃金の上がらない状態が続いているなかで、生活費もギリギリという暮らしでは貯金どころではありません。

「それではみなさん、投資をおやりなさい」と国が積極的にＮＩＳＡを国民に勧めているわけですが、多くの人が金融教育を受けていないのですから、突然投資を始めるなんて高いハードルをクリアできるのは、ごく一部の人に限られます。

さらに追い討ちをかけるように、金融専門家を名乗る人がメディアやネットで、「みんないますぐＮＩＳＡを始めるべき」といってみたり、「ＮＩＳＡなんかやるのは、情弱だけ」といってみたりするものですから、なにを信じたらよいかわからず、お手上げ状態になっている人が大勢います。

「なにを信じたらよいかわからない」これこそがまさしく情報弱者の末路です。自分のお金をどう蓄えればよいか、どう増やせばよいか、どう使えばよいか、自分で考えられないようでは一人前の大人とはいえないでしょう。

しかし、いまこの本を読んでいる人のなかに「お金は怖い」と思っている人がいたとしても、それはあなたのせいではありません。学校教育でお金について学ぶ機会がないまま、社会に放り出されたのですから仕方のないことなのです。

マネー恐怖症は江戸時代から？

日本人はどうして「お金は怖い」と思うようになったのか。これには諸説ありますが、一説では徳川家康によるといわれています。財力のある人が権力を握るようになると、いずれ闘争や謀反が起こる。それでは平安の世を築けないので、お金は汚いものという思想を広めたのだとか。

お金を持つ商人は士農工商の一番下、卑しい身分と位置付けることで、権力を持たせないようにしたというのです。そして身分が一番高い武士は「食わねど高楊枝」という言葉があるように、質素倹約が大切、たとえ貧しくとも高潔に生きることが美徳とされました。

ときは進み、第二次世界大戦が終わると、日本を占領したＧＨＱは、日本国民が再び誤った思想を持たないようにと教育制度の改革・管理を行いました。このとき、エリートを育てられない教育制度にするために、金融教育を指導要領から省いたという説もあります。

その後、高度経済成長からバブル景気へと進み、人々が札束を振り回す時代が過ぎ去ると、物欲にまみれた過去を反省するように「清貧思想」という言葉が日本で流行りました。簡素な暮らしのなかで、内面の価値を尊ぶことこそが、本来の「豊かな暮らし」であるとする考え方です。

こうして日本では長年、「お金について口にするのはよくないこと」という空気が世の中を支配していました。

もちろん、物欲にまみれても人は幸せにはなれないでしょう。内面の価値がその人を形づくり、人生を彩っていくのだと私も思います。しかし、お金の価値を正しく理解できず、若者が老後資金の心配をするというのは、話が別です。これはもはや「生きる力がない」といわざるを得ないでしょう。

ようやく始まった金融教育

世界初の先物取引所が江戸時代の大阪で誕生したというのは有名な話。幕府公認の堂島米市場です。世界の先物市場の中心的存在、シカゴ商品取引所が堂島米市場を手本に作られたというのも広く知られた話で、かつての日本人は世界の先頭をいく、金融感覚に優れた人々だったのです。

和同開珎が鋳造、発行されたのはさらに遡って７０８年のこと。給料を和同開珎で支払うことで「和同開珎を使いたい人」を生み出し、税金を和同開珎で払わせることで「和同開珎を使わせたい人」を生み出す。平城京では実に見事に貨幣を流通させる仕組みが敷かれていました。

しかし学校教育から金融に関する教科を省き、清貧を高潔としてしまったせいで、金融リテラシーに関して世界に大きく遅れをとってしまった日本。長引く不況に慌てふためき、２０２２年になり、ようやく高校で金融教育が義務化されました。

この教育は、少子高齢化により年金システムだけでは満足な老後が過ごせそうにないこと、低金利により預貯金だけでは十分な資産形成が見込めないこと、そして成人年齢の引き下げにより、若者が金銭トラブルに巻き込まれないようにすることなどが導入の背景として挙げられています。

カリキュラムは、

・家計の収入と支出を管理し貯蓄の習慣を身につける。
・必要なもの（ニーズ）と欲しいもの（ウォンツ）に分けてお金を使う。
・目的別に金融商品を活用し、資産形成をする。
・お金を借りたら利子を付けて返さなければならないことを理解する。
・金融トラブルの手口を知る。

と、どれも生活に必要な知識で、知らないまま社会に出てしまうと大変なことになりますが、一つ抜け落ちているものがあると思いませんか？　そう「お金の稼ぎ方」がないのです。

こんなに違う、世界の金融教育

ここで世界の金融教育に目を向けてみましょう。イギリスでは幼稚園から金融教育が始まります。「お店屋さんごっこ」を通じて、商品の選び方や支払いの仕方を学ぶことからスタート。特徴的なのは「批判的な思考のできる消費者になる」という考え方で、お金の使い道は自分の選択次第なのだということを幼稚園のうちから身につけます。

これは日本の高校の金融教育でいうところの「ニーズとウォンツに分けてお金を使う」と同じ。これをイギリスでは幼稚園から始めるのです。小学校に上がると、「お店屋さんごっこ」は買い物客から店員さんへとシフトし、お金の稼ぎ方を学ぶことになります。

学年が上がると「銀行ごっこ」が始まり、稼いだお金を貯蓄や金融商品に回すとどうなるかを学習。高学年ともなると金融教育は「ごっこ遊び」から本格的なロールプレイへと発展し、ビジネスの商談を行ったりします。

メーカー側になった生徒は商品の企画を立て営業をし売り込みを行い、買い手側になった生徒は予算決めから価格交渉を行う。こうして小学校で、お金に関する知識を身につけるだけでなく、ビジネススキルまでを学ぶのがイギリス式の金融教育なのです。

またさらに実践的な取り組みとして、決められた期間に1ポンドをどこまで増やせるかというチャレンジを行う学校もあります。1ポンドを投資にまわしてもいいし、1ポンドで買った材料でクッキーを焼いて販売してもいい。その売り上げでさらに多くのクッキーを作って販売するなど増やし方は自由。

数か月という期間でどれだけ増やせるかをゲーム感覚で競い、利益は学校を通じて施設などに寄付するというのです。こうして育った子どもたちはお金を汚いものなどとは思わないでしょう。

おいしいクッキーを焼いて友達を喜ばせ、売り上げを寄付することで、お金を必要としている人のもとへ届けるのですから「生きたお金の使い方」を小さいうちから学んでいるのです。

アメリカでは州によって教育が違いますが、多くの学校で「パーソナルファイナンス」の授業が行われています。だいたい10歳ごろからお金の勉強が始まり「投資をする意味」や「単利・複利の違い」といったことを学んでいるそうです。

そして高校を卒業するまでに「人生に必要な資産を形成し、ファイナンシャルゴールを達成するためにはどうすればよいか」を説明できるようになることを目標にしています。つまり社会に出るよりも前に「資産は自分の力で計画的に形成するもの」ということを身につけているのです。

またアメリカでは、「お金を使うこと」を実践で取り入れている小学校もたくさんあります。学校イベントではお金を払ってブースを借り、予算内でディスプレイを作り、販売する商品や値段も自分たちで決める。そして儲けは自分たちのものになるといった催しを通じて、子どもたちが経費と利益を学ぶのです。

持つ者になるか、持たざる者になるか

話は日本に戻って、金融広報中央委員会が2019年に実施した「金融リテラシー調査」で、「インフレ」について正しく回答できた人は62%しかいなかったそうです。バブルによる景気の変化を経験している50代以上の正解率は高かったようですが、年代が低くなるほど誤答が増えていました。

また、「複利」や「分散投資」の意味を正しく理解していた人は全体の半分以下。これでは、急に国から「各自で資産運用をしましょう」といわれても、正しく情報収集して金融商品を選ぶ判断力などあるわけがありません。

金融リテラシーを身につけることはなにも拝金主義になることではありません。大切なのは、各自が独立して自分の生活に責任を持つために、お金に関する正しい知識と判断力を身につけることなのです。

今後、ますます現役世代が減少し、高齢者が増えていくので社会保険料は右肩上が

り。給料の半分が税金に取られる時代に、給料以外の収入源がないようでは生活の維持が困難でしょう。

投資であれ副業であれ、給料以外の収入源を持つ人と持たない人で、今後ますます格差は拡大していくと考えられます。豊かな人はさらに豊かになり、そうでない人はどんどん貧しくなっていく。「一億総中流」といわれた時代はとうに終わったのです。

しかし、まだ手遅れではありません。子どものころから金融教育を行っているアメリカは、資産運用大国などといわれていますが、歴然とした貧富の差があります。持てる者と持たざる者の差が大きく、もはや埋められないほどの隔たりがあるのです。

つまり、学校の金融教育が優れているからといって国民全員が豊かな暮らしを保証されているわけではありません。裏を返せば、金融教育を受けずに育ったみなさんもいまから、いくらでも取り返せるのです。

お金を増やすのは知識よりも行動

もし知識が人を豊かにしてくれるなら、経済学者は世界一のお金持ちになっているでしょう。しかし現実はそうではありません。大切なのはどう稼ぎ、どう使うか。つまり知識に基づいた行動が大事なのです。

若い世代にとってとくに大切な行動は「稼ぐ力」を身につけることです。お金を増やそうにもまずは原資がなければ始まりません。私は自分の子どもに原資となるお金をあげることより、自分で原資を生み出す力を授けたいと考えました。これが私流「帝王学」の一つです。

息子は3歳でピアノのレッスンを始めました。ピアノは情操教育によいとされ、昔から人気の習い事ですが、私がピアノを選んだ理由はそれだけではありません。私と息子は日本と東南アジアの国々を拠点に生活していますが、そのうちの一つ、インドネシアでは歳の近い年長者が小さな子どもにレッスンを施すことが一般的なのです。熱心に練習に励んでいる彼は、小学校を卒業するころには指導者として十分な技術を身につけられるでしょう。英国王立音楽検定を受け、着実にグレードを上げています。12歳ごろまでに最高グレードに到達すれば、平均的な社会人と同等のお給料くらいはゆうに稼げてしまうのです。

やんちゃ盛りの男の子ですからレッスンを嫌がった時期もあります。そんなとき私は息子にこう問いかけました。「君は、いつか誰かにピアノを教えるときがくるかもしれない。それはたんに弾き方を教えるのではなく、鍵盤が奏でるキラキラとした世界を見せてあげることなんだよ。君より小さな子に、その感動を伝えられるとしたら、素敵だと思わない？」

私が考える「稼ぐ力」とはまさにこれなのです。ピアノ講師としての指導技術を身につけるのではなく、**「次世代に夢を与える力」**を息子のなかに育むこと。ピアノは方法にすぎません。

もし息子がピアノ以外に興味を示すのならほかの方法だっていいのです。この本の表紙に書かれた「次世代帝王学」は、私が次世代である自分の子どもに対して施す帝王学という意味だけでなく、「自分の子どもを、次世代に夢を繋ぐことのできる人物に育て上げる」帝王学なのです。

あとはお金に働いてもらおう

「お金に働いてもらう」という考え方は、1997年に発売され一世風靡したロバート・キヨサキの著書『金持ち父さん 貧乏父さん』で広く知られるようになりました。お金を消費の手段ではなく、お金を生み出す道具として利用する考え方です。

いい大学を出てエリートと呼ばれる会社に就職して汗水流し働いている父さんはいつまでたっても貧乏なまま。収入が増えたら支出も増えるといった具合で資産は増えず、お金のために働いている毎日。資産だと思ってお金を投じている持ち家は、維持費もかかるし税金もかかる、実は負債だった。一方、金持ち父さんは投資にお金をまわし不労所得を得ることを重視している、というのがこの本の内容です。

この本は、出版から四半世紀近く経っていますが、日本はいまも変わっていません。相変わらず「お金のために働いている人」が大勢います。あなたはそんなラットレースに自分の子どもを送り込みたいですか？

私はいま、子供と一緒に仮想通貨への投資を行っています。まずは仕組みを学び、なぜ、国や企業といった管理者を持たない通貨に貨幣としての価値がつくのかを理解させるところから始めました。

また、スマホ一つあれば世界中の誰とでも送り合えるデジタルマネーが私たちの暮らしをどう変えるか、一緒に考えている最中です。さらに、国の情勢や景気に左右される現実の通貨との違いを学ぶことも大切な勉強。

そして投資がどのようにお金を増やすのか、ここがもっとも重要なポイントです。もちろん投資でお金が減ることもあります。現実のお金でデジタルのお金を買い、値が下がれば空気のように消えてなくなる。逆に増えたお金はどこからやってくるのか。

これは経済の基本です。私は息子に錬金術を授けたいのではなく、お金の仕組みを実践で身につけて欲しいのです。そして、株やＦＸではなく仮想通貨を選んだのにはもう一つ理由があります。

それは、仮想通貨がまだ新しいもので、各国の法律や取り組みが定まっていないからです。仮想通貨を中国政府がどう扱うのか、ニューヨーク証券取引所がどう取り上げるのかといったことに注目が集まり、なんらかの発表があるのではというタイミングで値が上がったり下がったりします。

こういった情報をしっかりと収集して息子に分析させることで、世界的視野で経済を考える力を身につけて欲しいと考えています。この分析は大人でも難しいもの。つまり「お金に働いてもらう」ことは決して簡単ではないのです。

投資を「楽して稼げる」などと考えたら足元をすくわれるでしょう。仮想通貨で大損してすってんてんになってしまった人の話はいくらでもあります。しかしそれでも、「自分で稼ぐだけ」では限界がありますから、やはりお金に働いてもらいたい。そんなときあなたを助けてくれるのは金融リテラシーをおいて、ほかにはないのです。

お金から自由になる唯一の方法

人は歳をとります。結婚したり、子どもが生まれたり、病気になったり。変化するライフステージに合わせた資産形成をしましょうと国も、銀行もいいますが、これでは一生お金のことを考え続けなければなりません。つまりお金に縛られたままなのです。

お金の心配から解放されるためには、お金を知るしかありません。だからみなさん、お金と正面から向き合いましょう。なにから始めたらいいかわからないという人は、まずは目的を定めてください。

なんのためにお金の勉強をするのか。目的を明確にすることで学びの質は大きく変わります。将来のため、老後のため、子どものため、世の中のため……。どんな理由だっていいのです。

欲しいものがある、贅沢がしたい、見栄を張りたい、最初はそんな理由でも構いません。きっと、勉強を進めていくうちに、自分とお金の関わり方が見えてきて、「カネだけ、モノだけ、自分だけ」では人生は満たされないということに気づくはずです。
いま、私がここで拝金主義を否定してみせてもみなさんの心には届かないでしょう。お金との関わり方は自分で見つけることが大切なのです。ですからまずはあなたが金融リテラシーを身につけることで、お金との距離感を自分で見つけてください。

もう一つみなさんにお願いしたいことは、その自分で見つけた距離感を決して自分の子どもに押し付けないでください。子どもは親の所有物ではありません。一つの人格を持ったれっきとした他人です。
そして、あなたの子どもはあなたとは違った感性で、違った時代を生きていくことになります。「いま」という時間を共有していても、**あなたの「いま」と子どもの「いま」は違う**のです。あなたにできることは、子どもが正しい知識を身につけられるよう環境を用意してあげることだけです。

私は、小さいころから金融について学ぶ機会をふんだんに持った子どもが日本に増えることを心から願っています。子どもたちがお金について話し合い、経済を考え未来を想像していく。それが当たり前になれば、きっと日本社会は変わっていくと思っています。

少子高齢化に歯止めがかからない状況で、日本の未来に明るい材料がないなどという人がいますが、そんなことはありません。ちゃんとしたお金の知識を持った子どもたちがきっと、時代にあった未来を築いてくれると私は信じているのです。

第4章　アジアに学べ！

もはや日本に学ぶべき点なし

日本でなにを学ぼうか？

私は日本を素晴らしい国だと思っています。長い歴史のなかで作られた豊富な文化遺産があり、豊かな自然があり、清潔感があり、痒い所に手が届くサービスがあり、あげたらキリがないくらい、日本は素晴らしいものであふれています。

海外で暮らしていると日本に興味を持ってくださる方に大勢出会うので「ぜひ遊びにきてください」とよくいうのですが、はたと思ったのです。「日本に学びにきてください」といったことは一度もないなと。

自分の国を誇る気持ちはあっても、いまの日本から一体なにを学べばいいのかと問われたら、私にも答えることができないのです。先人が築いた素晴らしいものや風土を紹介することはできても、「日本のいま」から未来のヒントを学んでくださいなど、到底いえそうにありません。

２０２０年夏季オリンピックの招致活動で日本が「お・も・て・な・し」とアピールしたのを覚えているでしょうか。はい、日本は「おもてなし大国」なのです。では、思いやりや優しさなら、日本が世界に教えることができそうですか？　実はそうでもないようです。

イギリスの慈善団体が毎年「World Giving Index」というのを発表しています。これは

・人助けを必要としている見知らぬ人に対し、手を差し伸べたか。
・寄付をしたか。
・ボランティア活動を行ったか。

といったアンケートの回答を集計した、いわば「世界思いやりランキング」で、日本は２０２１年に最下位でした。２０２２年は１１８位でワースト2位。「日本人は親切で思いやりがある」というイメージを持っている人は多いのではないかと思うのですが、どうやら実際は優しさや寛大さ、他者への貢献という点で後進国のようです。

確かにときどき日本に帰ってくると、利己的な行動や考えが目につくことがあります。例えば電車内のベビーカー問題。「車内ではベビーカーを畳むのがマナーです」などという人が大勢いるようですが、冗談ではありません。大きなカバンをかかえ、子供を抱き、畳んだベビーカーを支えたら、手すりには掴まれません。それで転んでケガでもしたらどうするのですか。

そもそもマナーというのは互いに譲り合うもの。一方が自分の要求を他者へ押し付ける際の言い訳として都合よく利用していい言葉ではないのです。なんとさもしい根性でしょう。しかもその浅ましさを赤ちゃんとそのお母さんにぶつけるなど言語道断です。

私がいまいるインドネシアやシンガポールでは、子ども連れを見かけると、みんな当たり前のように道を譲ってくれます。ドアを開けてくれたり、子どもに笑いかけてくれたり。日本人はいつから、こんなに心が狭くなってしまったのでしょうか。

日本人に足りないもの

日本が経済的に立ち直れなくなって30年、世界における日本のプレゼンスがどんどん薄れていくなかで、「いったい、なにが日本人には足りないのだろう」という議論は幾度となくされてきました。

そしてよくいわれるのが「リーダーシップ」です。先頭に立ち集団をまとめ、目標に向かって導いていく力が日本人には足りないのだろうと。そこでビジネススクールなどでリーダーシップ開発プログラムが盛んに行われるわけですが、なかなか世界で頭角を表す人が出てきません。

私が主催している経営者の勉強会でも、リーダーシップについてのセミナーを行っていますが、グローバルリーダーと比べて日本人の能力が著しく劣っているとは思いません。ではなにが違うのか。私は日本人には「世界に変革をおこす」という意識が極端に足りないと感じるのです。

日本企業では組織の理論や不文律といったものが大事にされます。例えそれが非効率と思っても、「これがうちの会社のやり方だから」と自分を納得させ、プロジェクトの遂行より「社内調整」を優先したりするのです。

そういった環境に慣れてしまえば、大きな声で自分の意見をいう人は少なくなるでしょう。また社内調整がなによりも大切ですから、目標を定め逆算して効率化を測るということも難しくなるのだと思います。これではビジョンは描けません。

自然とゴールは「与えられた環境で最大限のパフォーマンスを発揮すること」になり、改革意識は生まれません。このような現場では「世界に変革を起こす」という意識は育まれないのです。

価値は伝わってこそ

日本人に足りないものとして、コミュニケーション能力の拙さも大きな問題だと私は感じています。多くを語らない奥ゆかしさや謙遜は、日本にいれば美徳と評価されるかもしれませんが、世界の認識のなかでは、伝わらなければないも同然。これは非常にもったいないことです。

例えば抹茶。いまや世界中のカフェで抹茶味のアイスクリームやラテが楽しめるようになり、「抹茶好き」という外国人がたくさんいます。しかしあまりにも抹茶味が一般的になってしまったせいで、日本発祥と思っていない人もいるのです。

チョコレート味やキャラメル味と同じで、そもそもどこの国からきたかなど誰も気にすることなく、「よくあるフレーバーの一つ」として親しまれている。これはどう考えても戦略の失敗です。

世界で親しまれることはいいことですが、日本の素晴らしい伝統と文化から生まれたものが、ただのフレーバーに成り下がってしまったのですから、茶道を築いた先人に謝らなければいけません。

誰かが抹茶と日本をちゃんと結びつけ、需要と供給の間に橋をかけておかなければいけなかったのです。その意識が希薄だったばっかりに、抹茶の価値は変わらないはずなのに、「抹茶に価値がある」という概念が消滅してしまいました。

これは日本人のコミュニケーションの拙さが、生産農家さんの価値まで損なってしまったといわざるを得ないでしょう。こうして日本は自分たちの持つ素晴らしいものをどんどん自分たちの手で価値のないものに変えてしまっているのです。

日本では「よいものを作れば価値がある」という考え方があります。日本国内だけで流通させるならこれでいいかもしれませんが、世界では価値は伝えなければ気付かれません。つまり価値の創出は生産者任せではなく、マーケティングの役割なのです。そこにどんな価値があるのか、徹底的に深掘りしアピールする、この工程をおざなりにし、「よいものを作れば価値がある」といって「ものづくり大国」を名乗るのは傲慢であり怠慢です。

いまの日本に、学ぶべき点が見出せないのは、経済の低迷のせいだけではありません。長年の驕りが招いた結果なのだと、まずは反省しましょう。

大企業のオワコン化

日本にも元気のあるベンチャー企業は次々誕生していますし、素晴らしい技術を持った中小企業はたくさんあります。「日本の未来は明るい」と希望を感じさせてくれる会社はいくらでもあるのですが、社会全体はどんよりとしたムードが漂っている。この理由は「サラリーマン経営」にあると私は思っています。

新卒一括採用で入社し、終身雇用が約束されたなか、精一杯の社内調整を行い頂点に上り詰めた人が社長になる。大企業においては、社長になった瞬間が一番の山場なのです。自ずと経営者は、社長になってからどれだけ業績を伸ばすかに挑戦するより、安全な経営をしたがるでしょう。

失敗すれば責任を取らされますし、株価が上がってもこれ以上の出世はありませんから、リスクを取るより無難に任期満了まで過ごした方がいいのです。失敗しなければ潰れませんから、成長しない大企業がずっと君臨し続けている。そんな新陳代謝のない30年を日本は過ごしてきたわけです。

いまの日本に学ぶべき点が見出せない理由はここにあります。かつての日本は技術革新とイノベーションに長けていました。ソニーもトヨタも世界市場でリーダーシップを発揮していたのです。しかしいまでは、停滞どころか、新興技術分野では遅れをとっています。

官僚的な企業文化とリスクを避ける経営が社会を窮屈にした結果、人も会社も安定を求め、新しい変革を避ける傾向が根付いてしまいました。さらに、給与が上がらないと嘆く国民に、国が副業を勧める始末ですから、みんな生きていくだけで精一杯です。

学びがなければ人は成長しません。しかし、安心してください。日本の周辺には魅力的な国がたくさんあります。目を見張るスピードで経済成長を遂げている東南アジアの国々はまさに学びの宝庫です。

経済だけでなく、技術革新や開発、多様性や教育に至るまで、アジアの国々に目を凝らしてみると、あなたとあなたの子どもの未来へのヒントがたくさん転がっていいます。第2章で過去の栄光と決別した読者のみなさんは、きっとまっさらな目で、アジアの国々から多くの学びを得られるでしょう。

野心を隠すな

ＡＳＥＡＮ諸国の多くが、ここ数十年で目覚ましい経済成長を遂げており、２０２６年にもＧＤＰが日本を超える見通しとなっています。そうした国々のリーダーたちは野心を隠しません。

必ずしもエリート教育を受けた裕福な家庭の出身というわけではなく、多くの人が叩き上げ。「お金になることならなんでもやろう」という姿勢で、さまざまなことに挑戦している姿が印象的です。

専門外の分野にも手を伸ばし事業を拡大していく彼らが、スピード感のある経済成長を牽引しているのでしょう。アジアを代表する企業は多面的な事業展開をすることでリスクを分散しているので、海外からの投資家の評価も受けやすいのだと考えられます。

対して、日本人はあくまで日本型の経営モデルにこだわり、専業に集中する傾向にあるため、よくいえばお行儀がよいのですが、チャレンジ精神に欠けるともいえるでしょう。日本はまず国内に、大胆な発想が生まれる素地から築く必要があると感じます。

また、アジア諸国の活気の一因として、技術革新とデジタル化が挙げられます。イスカンダル計画の中心地であるマレーシアのジョホールバルや、インドのバンガロールなどは、スタートアップのハブとして知られており、世界中から投資と才能を引き寄せています。これらの都市は、新しいテクノロジーやビジネスモデルの実験場となっており、次々と革新的な製品やサービスが生み出されています。

もちろん、急成長しているということは、ある日突然バブルが弾けるように経済危機が起こるかもしれないという不安がないわけではありません。またタイやインドネシアでは、国のすみずみまで教育やインフラの整備が行き届いているわけではないので、都市部の発展と裏腹に、発展途上国としての課題も残されています。

しかし経済発展と同時に暮らしの多様化も進んでおり、さまざまな価値観やライフスタイルが共存するようになってきています。これにより市民活動や社会運動も活発化しており、環境問題や人権問題といった課題に取り組む動きが広まっています。

コミュニティを第二の家族に

東南アジアの多くの国々では、コミュニティや家族の絆が非常に強く、人々が互いに支え合う文化が根付いています。例えば、タイやフィリピンでは家族との時間が非常に大切にされており、世代を超えた支援が当たり前のように行われています。大家族が一つの家に住むことも珍しくなく、祖父母が孫の世話をし、親が働きに出るといった形での協力が一般的です。

一方、日本では核家族化が進み、個人主義が強まる中で、コミュニティや家族の絆が弱まっています。遠く離れて暮らす家族と会うのは年に数回。近所との交流は皆無。そんな人は珍しくありません。

しかし、これからの時代は、第二の家族と呼べるコミュニティを持つ人が、人生100年時代を豊かに生き抜けると私は考えています。同じ興味や志を持った人と連携をはかり、情報交換をし、互いに助け合う。新しい形の互助会のメンバーが世界中にいれば、あなたもあなたの子どもも、世界のどこにいても一人で戦う必要はないのです。

日本人は、海外で日本人同士で群れることを恥ずかしいと考える傾向があります。しかし中華街や韓国人街はさまざまな国にあり、助け合いながら力強く暮らしている様子を目にしたことはありませんか。

私が生活圏としているインドネシアやシンガポールにも多くの中国人、韓国人が暮らしています。誰かがレストランをオープンするといえばみんなで食事に行ったり、海外からきた同胞をバスに乗せて連れて行ったりする姿をよく目にします。

彼らは決して小さくまとまっているわけではありません。互いの成功を応援しながら、その国に馴染み、地域に根ざしているのです。もちろん現地の人との交流も活発で、現地の文化や暮らしにリスペクトを持っています。

なにも、海外に出てまで同胞との暮らしに固執しているというのではありません。その国で「ビジネスをさせていただいている」という気持ちを持って、自分たちの暮らしの安定を計っています。このバランス感覚が日本人にはどうも欠けているのではないかと感じることがしばしばあります。

海外に出たら、自分の力で自分の暮らしを守らなければと躍起になっている姿に、「そんなに肩肘をはらなくていいんだよ」と声をかけてあげたくなることがよくあるのです。

これからの時代のコミュニティは「群れ」ではありません。私たちは１００歳まで生きるかもしれないのです。１００歳まで働くかもしれません。そんなとき、互いに応援し合う仲間が世界中にいたら素敵ではありませんか。

コミュニティの中での共生の価値は、孤立しがちな現代社会において再評価されるべきです。人とのつながりや助け合いが、精神的な豊かさや安心感をもたらしてくれます。そうしてできたコミュニティは、あなたの第二の家族であり、あなたの子どもの第二の家族でもあるのです。

自然との共存

日本で都会に暮らしていると、自然との共存を考える機会はあまりないかもしれません。ときどき田舎へ行き、日々のストレスを癒す、それが自然の役割だと思っている人もいるでしょう。自然から恩恵を受けるだけの、受動的な姿勢で向き合っている人は多いと思います。

東南アジアは美しい自然環境に恵まれており、多くの地域で自然との共生が生活の一部となっています。例えば、ベトナムのメコンデルタでは、人々が自然環境を守りながら生活し、農業や漁業を営んでいます。このような自然との共生は、持続可能な生活を目指す上で非常に重要です。

日本も自然が豊かな国ですが、都市化や工業化が進む中で自然環境への影響が懸念されています。持続可能な発展を目指すためには、自然との共生を見直し、環境保護の意識を高めることが必要です。

これは経済的発展にも大きく関わる問題。東南アジアの一部の国は、持続可能な発展を目指してさまざまな取り組みを行っています。例えば、フィリピンでは、再生可能エネルギーの導入が進められており、バリ島ではエコツーリズムが盛んです。このような取り組みは、環境保護と経済成長を両立させるための重要なモデルです。

私は子育てをするうえで、環境教育は非常に重要であると考えています。環境問題は人類の繁栄において緊急の課題なのです。

自然のありがたみがわからなければその緊急性を実感することはできないでしょう。ましてや、「人類の繁栄」など自分ごととしてとらえることはできないでしょう。

しかし、私は息子に「次世代によい影響を与える人間」になって欲しいと考えています。これも私の次世代帝王学の一つです。息子には常に、未来の人々を意識し行動できるようになってほしいのです。

先ほど日本は思いやりランキングで最下位だったと紹介しましたが、他者への思いやりも、多様性の受容も、すべては自然との共生から始まると考えています。自然を「恵み」ととらえ、その恩恵に感謝することは想像力のない人間にはできません。

そして想像力のない人間は他者に寛容になることはできません。そう、すべては繋がっているのです。

人も、社会も、自然も、そして経済も労働も、すべてを細切れではなく一連の大きな流れとしてとらえ、そのなかで自分はどう生きていくかを考える力が、これからの時代を生き抜く力だと私は思っています。

「はじめに」で、「息子には世界的視野を持った人間になって欲しい。そのためには日本にいては無理だ」と書きました。その理由がこれなのです。

あなたの心のガラパゴス

日本で電車に乗ったときのこと、どの人も無表情でスマホを操作しながら目的地までの時間を潰しているのです。お葬式でも、もう少し表情豊かなのではないかといったら不謹慎ですが、なんともいえない空気に気圧されてしまいました。

この章の副題「もはや日本に学ぶべき点なし」は決して日本を馬鹿にしているわけ

ではありません。どうか悲観論ととらえないでください。私はこの章で、現代日本が抱える深刻な問題を浮き彫りにし、未来への警鐘を鳴らしているのです。

日本は長い歴史の中で多くの困難を乗り越え、成長を遂げてきました。いまこそ、新たな視点と変革の意志を持ち、これらの課題に立ち向かうときです。

イノベーションの推進や労働環境の改善、教育システムの改革、高齢社会への対応といった具体的な取り組みを通じて、日本は再び世界をリードする国としての地位を取り戻すことができると私は信じています。

そのためには私たち一人ひとりが意識を高め、行動を起こすことで、日本社会に学ぶべきものが再び溢れる未来を築く必要があります。

そしてそれを継承してくれる次世代として、自分の子どもを育てる責任があります。まずは謙虚な気持ちで、アジアの国々から、日本が変わるためのヒントを学びとりましょう。

日本の携帯電話や交通電子マネーはガラパゴス化の代表のように語られますが、一番のガラパゴスは、日本の労働世代が抱える「心」です。

第5章　球体感覚を持て！

真のグローバリズム

見直されるべき価値観

前の章で「日本に学ぶ点なし」と書きましたが、それは、いまの日本社会に変革の芽を見出すのは難しいという意味であり、過去を振り返れば現代に通じる素晴らしい教えや考え方はたくさんあります。

日本初の国際人といわれる新渡戸稲造は「武士道」を世界に広めた人として有名です。彼は教育者、農学者、外交官として知られ、国際的な視野を持ちながらも日本の文化や価値観を大切にした人物でした。

1862年に盛岡藩士の家に生まれ、幼少期から優れた学問の才能を発揮、札幌農学校（現北海道大学）では、のちに著名な教育者となるクラーク博士から直接指導を受けました。明治初期にはアメリカのジョンズ・ホプキンズ大学へ留学し、さらにドイツのボン大学へも留学。

これにより、農学だけでなく、国際法や政治経済学にも深い知識を持つようになり、彼の学問的な幅広さは、その後の国際的な活動に大きな影響を与えたとされています。

氏の代表作『武士道』は１９００年に英語で執筆され、世界各国の言語に翻訳され大ベストセラーになりました。執筆のきっかけはドイツ留学中に知り合ったベルギー人からの問いかけだったといいます。

「宗教教育のない日本では、人々はどうやって道徳を身につけるのか」と問われた氏は答えに窮し、自己の善悪の観念がどのように形成されたかを考えたときに浮かんだ言葉が「武士道」だったというのです。

私はこの武士道の精神を非常に素晴らしいものだと思っています。子どもをグローバルな人間に育てたいと思ったとき、「ユダヤの家庭教育」などを取り入れようとする人が多くいますが、なにも外国に学ぶばかりが国際教育ではありません。

武士道の中心にある主要な美徳は、義、勇、仁、礼、誠、名誉、忠義の７つ。これらは洋の東西を問わず通用する、普遍の概念であると思っています。

「**義**」は、正義や倫理的な正しさを意味し、人の行動の根幹を成します。私たちは自らの行動が正義にかなっているかを常に考えなければならず、その実現のためには自己犠牲をも厭わない精神が求められるのです。

「**勇**」は、物理的な恐怖の克服だけでなく、倫理的・精神的な勇気も含みます。「**仁**」は人間愛の精神そのもの。「**礼**」は、他者に対する敬意や礼儀。武士道における礼儀作法は、単なる形式的なものではなく、相手を尊重し、自己の品位を保つための重要な要素とされています。

「**誠**」は、誠実さや真実を意味し、嘘をつかない、約束を守るといった誠実な行動は信頼を築くうえでの基盤です。「**名誉**」は、自己の行動が自らの名誉を高めるかどうかを常に意識することが大切であるとしています。

そして「**忠義**」。主君への忠誠という考えはいまの時代にはそぐわないと感じるでしょうが、対象を家族に替え、誠実で正直な心で向かい合うことは、なににも代え難い至上命題なのです。

武士の情けが「生き抜く力」

武士道は鎌倉時代には、武士が身につけるべき考え方や習慣といった位置付けでしたが、江戸時代以降には思想として体系化されたと新渡戸氏はいいます。なかでも、もっとも重要な価値観とされているのは「慈愛の精神」。

戦場で敵を切りまくる武士の中核が「慈愛の精神」といわれてもピンとこない人が多いかもしれませんが、「武士の情け」といえばわかりやすいでしょう。

命をかけて戦わなければならないからこそ、常に慈愛の精神を持ち、利他的な思考で仲間を思いやり、秩序を大切にする。また切りつける敵は格上か同等の相手だけ。格下や弱者には刀を抜かないポリシーを貫く、それが武士道なのです。

武士道精神は、正義を意識した行動、理性に基づいた勇気、慈愛、礼儀、そして信頼を築くのに大切な誠実さなど、どれも時代に関係なく社会生活を送るうえで求められる行動規範ばかり。

「自己の行動が自らの名誉を高めるかどうかを常に意識すること」がいかに大切かを、日本人は100年以上も前から知っていたのに、どうも現代では忘れ去られてしまっているように感じます。

しかしこれらをヒントにすれば、武士が戦さを生き抜いたように、私たちもこれからの時代を生き抜いていけるのではないでしょうか。

新渡戸氏は札幌農学校を卒業後、北海道庁を経て、さらに学びを深めたいと帝国大学に進学し英文学を専攻します。このとき、専攻の理由を問われ「太平洋の橋になりたい」と答えたそうです。

日本には日本の長所があり、西洋には西洋の長所がある。互いに理解を深め成長しあうことこそが世界平和への道である。これが新渡戸氏の考えたグローバリズムだったのです。そして氏は海外に学ぶだけでなく、日本を海外に広めることでグローバリズムを体現しました。

「グローバリズム」という言葉が本格的に使われ始めたのは冷戦構造が終了した

１９９２年以降といわれていますから、すでに30年以上経っていますが、「海外のやり方を真似するだけ」の日本型グローバリズムはどうも上滑りしていて、実を結んでいないようだということは、みなさんも気づいているでしょう。

まずは本当の意味でのグローバリズムとはなんなのかを考えるところから、やり直してみませんか。

移り変わる地球主義

グローバリズムはもともと、地球全体を一つの共同体と捉えて、国境や国籍といった垣根を取り払い、世界規模で経済や政治、文化を発展させていく考え方を指します。

グローバリズムの流れを最初に捉えたのは18世紀後半からの産業革命でしょう。鉄道や船、通信といった技術が進歩したことで、グローバル化が生まれたといわれています。第一次・第二次世界大戦によってこの流れは中断されますが、米ソ冷戦体制の終了で、アメリカを中心とした自由主義が広まり、世界を一つの市場と捉える考え方が主流となりました。

いまやインターネットで世界中の情報を簡単に手に入れられますし、飛行機も安くなり、誰もが自由にどこへでも行ける時代。Googleマップを使えばあらゆる地域の画像がみられますから、すでに「未踏の地」などなく、失業した冒険家や探検家はたくさんいるでしょう。

そんな時代に「グローバル感覚を大切に」などといっても「何をいまさら」と思う人がいるかもしれませんが、グローバル感覚を持つうえで大切なのは、常に意識をアップデートしていくことです。

経済におけるグローバリズムは決していい面だけではありません。企業が人件費の安い国に生産拠点を構えることで、価格競争は激化。先進国の大企業にばかりお金が集まり、貧富の差は拡大したと考えられます。

またＩＴ企業は世界中から優秀な人材を集め、雇用が多国籍化。これ自体は素晴らしいことですが、インターネットやＳＮＳのサービスは、特定の企業が世界市場を独占している状態です。

そしてパンデミックやロシアのウクライナ侵攻によって経済が停滞すると、すでにグローバライゼーションの恩恵は過去のものとばかりに、「脱グローバル化」を叫ぶ人が増え始めました。

そう、いつの時代も「グローバル」という言葉は経済を中心に人々を振り回してきたのです。

学校では作れない国際人

文部科学省はグローバル人材の定義として三つの要素を挙げています。

・語学力・コミュニケーション能力。
・主体性・積極性、チャレンジ精神、協調性・柔軟性、責任感・使命感。
・異文化に対する理解と日本人としてのアイデンティティ。

（参考　文部科学省「グローバル人材の育成について」https://www.mext.go.jp/b_menu/shingi/

chukyo/chukyo3/047/siryo/_icsFiles/afieldfile/2012/02/14/1316067_01.pdf)

つまりグローバル人材とは、「言語や文化の違いを上手に取り込み、最大限のパフォーマンスを発揮できる人」といったところでしょう。そこで、まず英語を話せるようにならなければと、国は英語教育に力を入れるべく小学校からカリキュラムに組み入れました。

日本人の英語習熟度は世界ランクでかなり下のほうですが、それでも最近は英語を話せる人がだいぶ増えてきたように感じます。しかし海外に住んでいると、**コミュニケーション能力と語学力は別物である**と感じることが多々あります。

私の息子が通う学校にはさまざまな国籍の生徒がいるので、その親と話をする機会が多いのですが、彼らがよくいうのは「なぜ日本人はアイコンタクトが少ないのか」ということです。

振り返って見ると、日本では「相手の目をじっと見るのは失礼」という考え方があったように思います。人と話をするときには適度なタイミングで視線を外しましょうといったことがビジネスマナーとされていた時代がありました。

しかしアイコンタクトが当たり前の国の人たちは、話の途中で視線をそらされると「嘘をつかれているのではないか」「話がつまらないのではないか」「帰るタイミングを見計らっているのではないか」などと感じることがあるそうです。

また「日本人はなぜ意味もなく笑うのか」と聞かれたこともあります。最初は意味がわからなかったのですが、どうやらこれは「照れ笑い」を指しているようです。確かに私も場を和ませたり、相手に親近感を持ってもらったりするため、小さな微笑みを話の間に挟むことがあります。

こういった行為はなにも日本人だけではないでしょうが、どうやら日本人はこの照れ笑いを頻発していると感じられているようなのです。にこやかなのが、何が悪いのかと思うかもしれませんが、話をしているときに照れ笑いをされると「真剣に聞いてくれていないのではないか」「軽くあしらわれているのではないか」と感じる人がとくに欧米人に多いようです。

そして日本と海外を行き来する生活をしていて強く感じるのが、日本人は小さなことで外国人を褒めるということです。日本にきた外国人が「ありがとう」というと「日本語、上手ですね！」お箸を使っていると「どこで覚えたんですか！」といちいち驚嘆し、納豆が食べられるといったあかつきには「すごいですねー！」と拍手を送るほど。

しかし想像してみてください。あなたが海外に行き「Thank you」といったときに「英語、話せるんですか！」と褒められたら、バカにされていると感じませんか。ナイフとフォークの使い方が上手ですねと褒められたら、それは完全にバカにされています。お箸が使える西洋人を褒める日本人に、悪気は少しもないでしょう。むしろ東洋の文化を受け入れてくれてありがとうという、感謝の気持ちで好意的に褒めているのだということはわかります。しかし好意による行動でも、相手がバカにされていると感じれば、それはこちらの思慮不足です。

話の途中で適度に目をそらし、照れ笑いを繰り返しながら、些細なことで相手を褒める、この一見するとなにも悪くないような振る舞いで、国際人になり損ねた日本人はあまたいるでしょう。

文部科学省はグローバル人材の育成において「コミュニケーション能力を高めるために、まず語学力を」としていますが、国際人として生きるうえで必要なコミュニケーション能力は、語学力だけでは補えないということは、強く認識しなければなりません。

社会は3世代同居時代

１９９０年代後半から２０００年代に生まれた子どもたちをZ世代と呼びます。ミレニアル世代の次にあたり、物心ついたときからインターネットやスマートフォンが身の回りにありました。

彼らは幼いころからデバイスを使いこなし、さまざまな情報にアクセスしたり世界中の人とつながったりすることを当たり前として育っています。またSNSに自分のアカウントを持ち、姿や考え、日常をオープンにすることに抵抗がありません。

Z世代は世界人口の３割を占めており、今後は彼らを中心に世の中が動いていくだろうといわれています。アメリカのミレニアム世代は国が不況にあえぐ時代に成人した人が多いため、失業など社会不安を口にする人が多い一方、Z世代は起業など自立した生き方で未来に希望を見出す人が多いといわれています。

日本ではバブル世代・ゆとり世代・Z世代が同居する時代になりました。もちろん、個々の考え方や生き方は固有のものであり、世代に区切ってステレオタイプを押し付けるつもりはありませんが、仕事場では3世代同居のチームビルディングに苦慮している人もいるのではないでしょうか。

「24時間戦えますか」と問われ続けたバブル前の世代。できるだけ早く帰り、自分の時間を大切にしたいと願うミレニアル世代。そしてZ世代は「このタスクは今日中に終わらせたい」など自分で立てたスケジュールに従い残業も厭わないが、押し付けの残業には納得しないといった、働き方の違いをよく耳にします。

またZ世代はどの年代よりもグローバルな感覚を持っているともいわれています。情報が溢れ、その気になれば誰とでも手のひらで繋がれる彼らには、国境や物理的な距離はあまり関係ないようです。

コロナ禍に在宅ワークが広まると、「どこで仕事をしても同じ」といって、自宅を飛び出し旅先からオンライン出社する若者の行動力を、非常識などと責めてはいけません。彼らの柔軟性は、グローバルに生きるうえでとても重要なことなのです。

そう、私たちはどこへでも行けるのです。距離も空間も人生の本質ではありません。場所なんていうものに囚われる必要はないのです。どこにいたって、やりたいときにやりたいことをやればいい。その自由さは、決して若者だけの特権ではありません。

意識一つで、今日からでもあなたは国際人としてグローバルに人生を展開できるのです。しかしそんなあなたが、うっかり西洋人に「お箸の使い方が上手ですね」などといってしまい、おかしな空気になってしまうことを恐れるなら、やはり教養に助けを借りるのがいいでしょう。

徳とグローバリズム

教養とは、単なる知識の蓄積ではなく、それをもとにして人間としての深みや幅を持ち、他者との共感や理解を可能にするものです。日常生活や人間関係を通じて身につける人格的な成長や洞察力もそこに含まれます。

教養は知識と経験、そしてそれを活かす知恵が一体となったものと私は考えます。歴史的に見ると、教養の概念は時代や文化によって少し異なります。古代ギリシャでは、教養は「パイデイア」と呼ばれ、自由市民としての徳を身につけるための教育を指しました。

中世のヨーロッパでは、修道院や教会で行われる宗教的教育が教養の中心でした。教養が人間の総合的な発展を目指すものとなったのは近代に入ってからで、科学や文学、芸術など多様な分野に広がったとされています。

グローバルに生きるうえで教養は欠かすことのできないものです。なぜなら、多様な価値観や文化が共存する社会において、教養こそが他者との対話や共感を可能にする手立てだからです。

教養が「徳を身につけるための教育」であったのは古代ギリシャだけではありません。江戸時代に子どもの教育のなかでもっとも重要視されたのも「徳」でした。

徳の意味を辞書で引くと、「身についた品性」や「周囲によい影響を及ぼす望ましい態度」とあります。簡単にいうと人は徳を積むことで、周囲から好感を持たれ、厚い人望を得られるのです。

村落を一つの単位として、人々が協力しあって生活していた時代には、村八分がなによりも恐ろしいものだったでしょう。一家が村全体から仲間外れにされては生きていくのが困難です。

また、大人社会の村八分ほど陰惨でなくても、親は自分の子どもが仲間外れにされているのは見たくないもの。友達をたくさん作って和気あいあいと、毎日を楽しんでほしいというのは多くの親の願いです。

ですから当時の教育では、周囲と理解しあい社会生活を円滑に送る知恵として、徳を重要視したのだといいます。

私は息子を育てるうえで、この「徳」を非常に大切にしています。毎日必ず一つは人の助けになることをしよう、人の役に立つことをしようと約束し、夕食のときに今日はどんなことをしたか報告しあうのです。

「今日も一つ徳を積めたね」と讃え合い、徳の貯金を増やし続けることを日課にしたら、息子は「自分は人にとって、どんなふうに役に立てるだろう」と毎日考えるようになりました。

まだ小さな子どもですから、本当に人の役に立っているかはわかりません。しかし、自分の行動によって誰かが笑顔になってくれたらハッピー、「ありがとう」の言葉が引き出せたら大成功なのです。

彼にとっては徳を積むことが目的ですから、善行はギブアンドテイクではありません。常にギブ。絶えず自分の優しさや愛を惜しみなく振りまく様子に、これこそが真のグローバリズムではないかと私は気がつきました。

子どもは正直ですから、思いやりのある子の周りには自然と人の輪ができます。彼らには肌の色も国籍もイデオロギーもお金のあるなしも関係ありません。徳が人を惹きつけるのです。

思いやりとは相互理解そのものであり、やさしさは信頼関係の構築に欠かせません。

そして周囲に与えるよい影響は、社会への責任を果たすことにも繋がります。息子は毎日徳を積むことで、「グローバルな社会づくり」を知らず知らずに行っているのです。

ここまでくればみなさん、おわかりでしょう。真のグローバリズムを体現するためには、教科書は必要ありません。毎日「徳」を意識し、どこまでも積み続けるのです。もちろん英語は話せるに越したことはありませんが、語学力はグローバリズムの正体ではありません。

また、「バカにされないように」などと身構えて、賢いふりをする必要もありません。経営の天才、松下幸之助さんは幼少期にお父さんが相場で失敗し、全財産を失い奉公に出されたそうです。

小学校しか卒業していないことについて「わからないのが当たり前だから、簡単に人に尋ねることができた。おかげでよい知恵をたくさんもらい会社を発展させることができた」と話しています。これがパナソニックの「衆知経営」です。

知らないことは恥ずかしいことではありません。わからないことは人に聞けばいいのです。あなたが毎日徳を積んでいれば、あなたが困ったとき周囲の人が必ず助けてくれます。

徳を積み続けることが教養ある人の生き方であり、その教養があなたのグローバリズムを後押ししてくれるのです。

第6章　子どもの未来をマネージメントせよ！

マレーシア・ジョホールバル
iStock.com/agrit

次世代リーダーの育成を！

幸せな生き方とは

ここまで5章に渡り、「人生のアーティスト」になるために必要な基本姿勢を提言してきました。それはなんのためかといえば、あなたが自分の人生を素晴らしいものへとプロデュースしていくとともに、未来を生きる子どもたちに希望を持って社会を託すためです。

私が56歳のときに息子が生まれました。十分に歳をとっていますから、私が持っている財力、知識、経験、人脈、あらゆるものを惜しみなく与えれば、なに不自由ない生活を送れるでしょう。

しかし不自由がなければ幸せになれるかといえば、決してそんなことはありません。私がいなくなったあとも、彼には自由にのびのびと大海を泳ぐように、世界を舞台に生きていってほしいと思うのです。

さて、幸せに生きるとはなにか。この問いに正解はありませんが、私には私なりの答えがあります。それは、周囲によい影響を与えながら生きていくことです。

例えば臨時収入があったときに、その全額を自分の贅沢のために使った人より、一部をチャリティや世の中のために使った人のほうが幸福度が高かったというようなレポートを、これまでいくつも目にしたことがあります。

人は、自分のために使ったお金のことは忘れてしまいますが、誰かのために使い感謝された記憶は比較的長く残るようです。**人は「誰かの役に立ちたい」という思いを本能的に持っている**のではないでしょうか。

しかしいまの日本は長引く不況で、「自分のために生きるだけで精一杯」という感覚が定着してしまっているように思うのです。若いうちから老後の心配をし、限られた財産を自分のために守り、余裕があれば自分のために使う。そんなお金に対する保守的な考え方が、生き方そのものを支配してはいないでしょうか。

また、どうせ頑張ってもお給料は上がらないし、年功序列で昇進には時間がかかるしといって、頑張ることに虚しさを覚え、ホタルのようにフラフラと彷徨いながら軸のない生き方に甘んじている人が多いようにも思います。

日本は貧しくなったとはいえ、まだまだ世界的に見れば高福祉国ですから、そのような生き方でもなんとか乗り切れるでしょう。しかし、私が住んでいる東南アジアは違います。国も社会も会社も、誰も生活の保障をしてくれないことが当たり前の国では、みなエネルギッシュに自分の人生を切り開こうと、ガッツを持って生きているのです。

五感を最大限に働かせながら力強く生きる彼らは、なにごとにも貪欲です。チャレンジ精神を発揮して仕事に邁進するかたわら、家族を大切にし、人生を謳歌するため遊び心も忘れません。

「昔はよかった」などという気はありませんが、日本ももともとはそういう国だったように思います。ハングリー精神があり、周囲と協力し合い最大の成果を上げる団結力があり、見知らぬ人にも手を差し伸べる義理人情がありました。

そして遊び心が古い伝統を次世代に繋ぐとともに、新しい文化を創造する。粋でいなせな大人がたくさんいたのです。

私は息子が生まれたときに、彼が日本人であることを誇りに思えるよう、日本が活力を取り戻すことに、これからの人生をかけようと思いました。そして息子には、私の跡を継いで、社会の活力に貢献できる人間になってほしいと考えました。これが私の父親としての根幹なのです。

子育てではなくマネージメント

私は自分の子育てを「教え導くこと」ではなく「マネージメント」と捉えています。親になった途端、「子どもを立派に導かなくては」と教育者のように振る舞う人がいますが、私はそういう人に「君、そんなに立派な人だったっけ？」と違和感を感じます。もちろん私自身もそうです。

25歳で独立してから10年間、がむしゃらに働き、一生困らないだけの財をなしました。少しでも世の中がよくなるようにと多くの人に手を差し伸べ、裏切られたことが何度もありますが、決して恨まず、何度騙されても、人を信じてここまできました。

しかし60歳を超えたいまでも、自分が一人前であると感じたことは一度もありません。息子の友人の親には私よりうんと歳下の人も多くいますが、彼らから学ぶことはたくさんあります。

自分の知らないことを教えてもらったり、思いやりをかけてもらったり。毎日周囲に感謝しながら、「ああ、自分はまだまだ成長できる」と感じているのです。そんな私が親になったからといって、人格者のような顔で子どもを導こうなど、傲慢でしかないでしょう。

親は子どもより多くの知識と経験を持っています。だからといって親は子どもに命令をしていいなどと考えるのは大間違いです。たんに子どもより早く生まれたに過ぎず、学ぶ時間があったから、その分多くのことを知っているに過ぎないのです。

また**子どもには、いま、この時代に生まれたアドバンテージがあります**。私の子どもも時代には想像もできなかったデバイスを、息子は当たり前に使いこなします。私が使い方を教えるより前に、直感的に操作し、私よりもはるかに柔軟な思考でテクノロジーに順応していくのです。

ときに、7歳になった息子から私のほうが教えられることもしばしば。これから成長していくにつれ、私が息子に教わり、助けられることはどんどん増えていくでしょう。ですから私は、息子と自分の関係を、ともに成長しながら人生を進めるチームメイトだと思っています。

同志ですから、なにかアクションを起こすときには必ず相談をします。「パパはこう考えているけど、君はどう思う？」そんな問いかけを毎日何十回もするのです。ただし、私はいつも息子と同じ視点で物事を見ているわけではありません。息子より五十数年、長く生きていますからその分、人生の選択肢は多く知っています。世の中にはこんな可能性もあるんだよと、新しい景色の存在に気づかせてあげるのは親の務めでしょう。

「君はいま、君の世界で精一杯生きている。それはとても素晴らしいことだけれども、実は世界はもっと広いのだよ」そんな投げかけを絶えずしていくことが、私の考える「未来へのマネージメント」なのです。

叱るな、褒めるな

オーストリアの心理学者、アルフレッド・アドラーの名前を聞いたことがある人は多いでしょう。彼の心理学を解説した『嫌われる勇気』が数年前に出版され、一躍注目を集めるところとなりました。

彼は「親と子は対等な関係でなければならない」といっています。彼の理論の根底にあるのは「共同体感覚」という概念。これは、人が他者と関係を築き、社会の一員として貢献する感覚のことで、共同体感覚は親子関係や教育にも大いに影響を及ぼすというのです。

アドラーは、子どもを家庭や学校という小さな社会の一員として尊重し、対等に扱うことが重要であると主張しました。彼の理論では、子どもは対等に扱われることで、自己肯定感や共同体感覚が育まれ、健全な人格形成が促されるというのです。

これはまさに、私が息子とのあいだに築いている関係そのもので、私は彼を一人の独立した人格として尊重し、対等な立場で接することを心がけています。

また、アドラーは子どもを叱ってもいけないし、褒めてもいけないといいます。「子どもは褒められることで自信がつき、自己肯定感が育まれる」と考える人が多くいますが、褒めるという行為は、能力のある人が能力のない人へ与える評価なのだというのです。

私は決して息子より能力があるわけではありません。先に生まれた分、経験は多くありますが、時代の移り変わりのなかで、無用となってしまった知識もたくさんあります。

対して息子は、「いま」という時代への純粋な感性と無邪気な好奇心で、私よりもよほど「この瞬間」を謳歌しているでしょう。そう考えれば親子のあいだに縦の序列はつけられないのです。

互いを対等にみる「友達親子」という考え方はしばしば否定的に捉えられます。「親子」という小さなカプセルに閉じ込められた互いが、感情を分離できなくなり共依存のような関係になってしまう可能性があるというのです。

また子どもが「友達といるより親といるほうが楽しい」といって、社会に対して自ら歩み寄る努力を放棄してしまうケースもあります。さらに友達親子が増えたといわれる1990年台以降、反抗期のない子の数が増えており、社会人になってから遅れてきた反抗期に苦労する人もいるのだとか。

さらに、親が子どもに過度に執着し、職場にまで口を出すモンスターペアレントと化して……。などなど友達親子の弊害は多数ありますが、私の考える親子間における対等な関係は、もちろんこのようなものではありません。

まず大切なのは互いに認め合うことです。子どもには子どもなりの考えや視点があり、真剣に耳を傾け尊重することで、子どもを人格を持った存在として扱うことが何よりも重要です。

そして子どもが何かを達成したときには、結果を褒めるのではなく、過程を讃えるようにしています。例えばテストで100点をとったときに結果を褒めると、褒められ依存になってしまい、「褒められるためにやる」といった、周囲の顔色を伺う子になってしまう可能性があります。

また、100点を取れなかったときには「結果が出せなかった自分はダメなのか」

と悲観的になってしまう可能性もあるでしょう。しかし、なにかに取り組むとき、結果のいかんに関わらず過程は常に存在します。その過程への取り組みを、対等な立場にたち認め讃えてあげることは、褒める以上に子どもの自己肯定感を育む効果があるのです。

また、過程を蔑ろにしたために結果が出せなかったのであれば、その理由を私は必ず息子に聞きます。なぜ、しっかり取り組めなかったのか。なぜ集中できなかったのか。こうして**自分の頭で考える習慣**をつけさせることが、いま必要とされる「子育て2・0」だと私は思います。

集団の生存力を高めよ

「ＡＩによって、今後10年から20年以内に約半数の仕事がなくなるでしょう」というレポートが野村総研とオックスフォード大学の共同研究によって発表されたのは２０１５年のことでした。あれから約10年。

あなたの子どもが社会に出るころには、いったいどの仕事が消えているでしょう。そして、どんな仕事が新しく誕生しているでしょう。その答えは誰にもわかりません。

（参考　野村総合研究所　https://www.nri.com/-/media/Corporate/jp/Files/PDF/news/newsrelease/cc/2015/151202_1.pdf）

それではどうやって子どもの将来に備えればいいのか。簡単なことです。どんな時代にも対応できる資質を磨いてあげればいいのです。その資質がリーダーシップです。

グローバル化が進む社会では、多様性とインクルージョンの重要性がますます高まっていきます。インクルージョンとは「包括的」や「包括性」といった意味で、多様な人たちが、それぞれの個性を尊重されて集団に属している状態を指します。

次世代リーダーとは、異なる文化や背景を持つ人々を受け入れ、多様な視点を活かした組織作りを推進できる人、と私は定義しています。これは仕事に限らず、日常生活でも必要な役割です。

多様なチームは、創造性や問題解決能力が高まり、革新的なアイデアが生まれやすくなります。また、インクルーシブな環境は、そこにいる人たちの参加意識を高め、協力し合うことで集団は強靭になっていきます。

　ここでいう集団は、村社会でも会社組織でもコミュニティでも友人や仲間でもいいのです。子どものうちはクラスメートでもいいでしょう。

　リーダーシップを身につけるといっても、クラス委員に立候補しなければいけないわけではありません。どんな立場でも周囲の人と協力し合い、インクルーシブな環境づくりを率先して行える人になることが、これからの時代を生き抜いていくうえで、最も重要なのです。

　これまでの「リーダー論」では集団をまとめ牽引していく力や、先頭にたつ責任感が大切とされてきました。しかしこれからのリーダーに必要な資質は、「声が大きいこと」ではありません。

　もちろん「リーダー」という言葉は先導者、統率者といった意味ですが、時代はどんどん変わっていきます。子どもたちには「生きる力」ではなく「生き抜く力」が必要であると、あなたも気づいているでしょう。

これからの時代にイノベーションは、生存力を高めるために欠かせない要素であり、リーダーはそのための環境や文化を醸成する責任を負います。失敗や変化を恐れず、何度でもチャレンジする精神と、新たなチャレンジのためのアイデアを持った人に、周囲はついていくのです。

親の振る舞いが最高のしつけ

子どもを次世代リーダーにするべくマネージメントしていくことが、いかに大切かはわかった。それではなにから始めればいいのですか？　そんな問いが聞こえてきそうですね。

たくさんの育児書や教育本を読み漁ったり、「頭のよい　子ども　育てかた」などのキーワードを検索してみたりしたことがある人もいるでしょう。しかしあなたがどんなにノウハウを集めようと、子どもには伝わりません。

「勉強をしなさい」といっても、しない子はしないのです。子どもは親の振る舞いを真似ます。毎日、仕事から帰ってくると、テレビを見ながらビールを飲んでいる、そんな姿しか見せたことがない親から、「勉強しなさい」といわれても、「よし、努力しよう」とはなりません。

しかし、親が勉強家で隙間時間に本を読んで過ごしている家庭では、子どもの学習時間が長い傾向にあるという説があるようです。つまり**子どもは、親の言葉より振る舞いに強く影響される**のです。

ですからみなさんには、本書の1章から5章で披露した提言を実践し、その姿を子どもに見せてあげてほしいと思います。なにかに依存することなく、常に未来志向を持ち、身につけた金融リテラシーを武器にグローバルに生きるあなたの姿は、きっと子どもに素晴らしい影響を与えるでしょう。

私は息子に「こうしてほしい」と思うことがあれば、まず自分が実践するようにしています。挨拶一つをとっても、ただすればいいというわけではありません。大きな声で元気よく、相手が気持ちいいと感じる挨拶をする。当たり前のことと思うでしょうが、これがなかなかできている人がいないのです。

あなたの周囲の人を思い浮かべてください。「ああ、この人の挨拶は清々しいな」と思う人が何人いますか？　あなた自身は周囲の人からそう思われていると自信を持っていえますか？

私が35歳で日本を飛び出し、海外生活を送るようになってから出会った一流の人たちは、この挨拶が、ずば抜けて素敵なのです。**たった一言挨拶を聞くだけで、「なんだかよい1日になりそうだ」と気分が高揚する、そんな心のプレゼントをいつでもくれるのが一流の人たちなのです。**

ですから私は毎日、友人・知人だけでなく、すれ違うすべての人に、気持ちよさを届けられるようにと、挨拶を非常に大切にしています。そんな私を見ている息子は、頭ではなく本能で挨拶の大切さを感じてくれたのでしょう。

これだけは誰にも負けないとばかりに、最高の挨拶を毎日見せてくれるのです。子どものマネージメントとはこの連続です。ですから、親自身が日々勉強し、成長し続けていれば、おのずと子どもも成長し続けるのです。

未来への責任

息子が、インドネシアのインターナショナルスクールでの一年を終えたときのこと。「この一年間、一緒に過ごした友達や、いろいろなことを教えてくださった先生、安全な学校生活を守ってくださった職員の方々、一人ひとりにメッセージカードを書いてみたらどうかな」と息子に提案しました。

この提案に大いに賛成した息子は、何十枚ものカードを作り、一人ひとりの顔を思い浮かべながら、感謝の言葉を記していきました。私がこの提案を息子にしたのには二つの理由があります。

一つは、「楽しい毎日」は決して当たり前ではないと知って欲しかったからです。親が学校に通わせてくれて、先生が勉強を教えてくれて、職員が生活を守ってくれる。それは決して当たり前のことではなく、それぞれが精一杯に役割を果たしながら、学校という社会を維持しているのだということを子どもに教えることは、大切なことであると私は考えています。

そしてもう一つは、自分の行動が次世代につながるのだということを息子に知って欲しかったのです。「以前、この学校に日本人の生徒が通っていたよね。その子は先生や生徒だけでなく、職員全員の名前を覚えて、感謝をしていたよね」。

そんなふうに息子の行動が記憶されれば、次に日本人が生徒として入学してくるときに、快く迎えてもらえるでしょう。「ここは外国だから、君の行動が日本人の印象を作ると思って、行動しなければいけないよ。君には『日本人は素晴らしい』と思ってもらえるよう振る舞う責任があるのだよ」。そう息子に話しました。

息子には常に、未来を意識すると同時に、自分より下の世代を意識するようにと投げかけています。まだ小学校低学年の年齢の子どもにそれを意識させるのは早すぎると感じるかもしれませんが、「いま」は連続する時間のなかにあります。

息子の「未来」が、下の世代の「いま」になるのですから、決して無責任でいてはいけないということは、小さいうちから知っておくべきなのです。そして、未来への責任感を持っていまを生きることが、次世代リーダーの最初の役割であると、私は考えます。

実践ダイバーシティ

多様性を意味するダイバーシティは、さまざまな価値観や背景を持つ人々が共存し、協力しあう社会のあり方を指します。その実現のためには、一人ひとりが互いの違いを認め合う寛容さを持つ必要がありますが、日本のダイバーシティはなかなか広まっていきません。

多くの人種が入り混じるアメリカやヨーロッパと違い、日本社会は「日本的な考えに基づくルール」に非常に厳格です。高校のなかには、髪の色やスカートの長さだけでなく、下着の色まで校則で決められている学校があるのを知っていますか。

生徒たちに、どういう理由で作られたルールなのかを考える余地はなく、学校側が違反者を取り締まり減点するために利用されるルール。この考え方に私は小学校時代からずっと苦しめられ続けてきました。

これでは他者への寛容さを育めない、そう感じた私は、息子が幼稚園に入る齢になった当時、日本に住んでいましたが、迷わずインターナショナルスクールを選び、６歳になると彼をつれて、インドネシアへと居を移しました。

25か国の生徒が通うインドネシアのインターナショナルスクールでは、わざわざ理念を教えるまでもなく、ダイバーシティがそこに存在していました。ダイバーシティの必要性は、「一人ひとりが生きやすい社会にするため」や「集団のパフォーマンスを高めるため」などと解説されますが、本質はそんな難しいことではありません。**自分の尊厳と他人の尊厳を同等に大切にする**、たったこれだけのことなのです。


息子の学校は年間3か月ほどの休暇があるので、次世代リーダーへのマネージメントの一環として、私は彼をさまざまな国のキャンプに参加させるようにしています。サスティナビリティをテーマに自然のなかで生活するキャンプや金融を学ぶキャンプなど、興味のあるものがあれば、シンガポール・マレーシア・タイなど、どこの国でもいといません。

また、彼が熱心に取り組んでいるピアノの感性に磨きをかけるため、イギリスにレッスンを受けにいく計画もしています。日本に帰ってきた際には、小田原で地引網を体験させていただき、自然のありがたさを学んだり、健全な心身を養うために空手道場に通ったりと、彼の挑戦は止まることを知りません。

芸術・金融・自然・健全な心身、これらは一見、バラバラのもののように思うかもしれませんが、すべては一つに繋がっています。しかしその繋がり方は直線ではいけません。あらゆる知識と経験が球体のように繋がり、互いに作用し合っているのだということを息子が実感できて初めて、未来へのマネージメントが意味をなすのです。

次世代リーダー育成への取り組みとして、もう一つ大切にしているのがYouTubeです。息子は「世界一小さなジャーナリスト」として自分のチャンネルを持っています。世界で活躍する実業家や文化人などにインタビューをし、多様な大人の考えに触れることは、息子にとって大きな学びとなっています。

英語で堂々と質問をし、一流の人たちから社会へ向けたメッセージを引き出す彼は、すでに立派なジャーナリストといえるでしょう。そして、動画を見た人に少しでもよい影響を与えられているとしたら、すでに次世代リーダーの役目を果たし始めていることになります。

私は常々、**人は大人になったら働くのではなく、働く力がついたときに働き始めるべきだと思っています。**働くというのは、被雇用者として労働するという意味ではありません。**自分の能力を誰かのために提供すること**です。

息子が「人の役に立ちたい」と思ったとき、それに見合った能力を持っているなら10歳から働き始めたっていいのです。ピアノの先生でもユーチューバーでも、社会の未来に貢献できるのであれば、どんどん挑戦していくべきです。

そして挑戦が実を結べば、「10代でミリオネア」も決して夢ではありません。

海外で事業を行う日本人経営者の集い「WAOJE」のみなさんと
（筆者はエリア支部長として日本の素晴らしさを世界に発信中）

第7章　行動原理を変えよ！

DRAGONの仲間に入ろう！

① 今すぐ行動に移せ！

ここまで本書を読み進めてくださったみなさんへ、とうとう最後のお願いです。いますぐ行動を開始してください。先に紹介した新渡戸稲造氏の武士道にも「知識を重んじるのではない。重んじるのは行動である」と書いてあります。

これは「知識があっても行動しなければ意味がない。行動して初めて知識が生きる」ということではないでしょうか。

本書は読んで終わりでは意味がありません。各章で解説した提言を実践し、あなたがあなたの**人生を豊かにプロデュースするとともに、希望溢れる未来の創造者の一員になる**ことが、「人生のアーティスト」として生きるということなのです。

世の中には、すぐに行動に移せる人とそうでない人がいます。その違いはなんだと思いますか？　「やる気はあるのですが、どうも行動力がなくて」という人がいますが、やる気は実はあまり関係がありません。

ショッピング、旅行、スポーツ、グルメなど、好きなことをするときには、やる気のあるなしを意識しませんよね？　そして「行動力」も私は関係ないと思っています。やりたいことが多く、あれこれと動き回っている人を、他人が勝手に「あの人、行動力があるね」といっているにすぎないのです。

それでは、行動する人としない人の差はなにか。それは知識の量です。知識があれば、どう行動すればよいかがわかりますから、動くことは少しも難しくありません。そして正確な知識と十分な情報があれば、失敗を避けられますし、仮に失敗したとしてもリカバリーできますから、先行きを不安がり二の足を踏むこともないのです。

長年の不況にあえぐ日本では失敗を恐れて、ぐずぐずと文句をいいながら、行動に移すことなく時代が好転するのを期待している人が多くいます。しかし、未来に手を合わせて拝んだって仕方がありません。

私は、将来に怯える人たちに、なんとか救いの手を差し伸べられないかと思い、２０１０年にシンガポールで、アジアの富裕層を繋ぐネットワーク、Asia President

Club（APC）を立ち上げました。

そしてこれを母体に、会員同士が互いを第二の家族のように信頼しながら、社会に貢献していき、金融リテラシーを学ぶコミュニティ、APC Dragon Traders Club を作りました。

先行きが不安な社会では、国籍や場所、属性にこだわって生きていくのはリスクでしかありません。経験豊かな人たちが集まり、正しい情報を共有し、互いに知恵を絞り、信頼に担保された共同体を構築していくことが必要です。

そして共同体のメンバーは、自分たちの持つ情報を惜しむことなくさらけ出し、学びの大切さを周囲に知らしめていくことで、社会に貢献する責任があると私は考えています。

APC Dragon Traders Club はこれまで金融リテラシーを身につけるための教育プログラムを提供してきました。我々のもとで学んだ人たちは、稼ぐ力を身につけ、資産を保全するノウハウを得て、富裕層としてこのコミュニティの一員になり、社会貢献に精を出してくれています。

社会や会社に依存せず、自分の力で生きる術を大人たちに授け、その大人たちが子どもたちに最高の学びと未来をプレゼントする。この流れを絶やすことなく続けることで、日本の未来を、そして世界の未来を、いまよりよいものにする。それが私の考える社会貢献であり、APC Dragon の使命なのです。

そしてこの使命を、より効果的に展開していくため、新たにAPC Dragon Leo Foundation を立ち上げました。この団体は、これまでの我々の活動のなかの「未来の創造」の部分をより強く意識しています。

家族や仲間が金銭的な心配をすることなく、安心して生活できる環境を整えるとともに、精神的な余裕を持って社会貢献活動に邁進し、豊かな未来を創造していく。そんな生き方ができたら、素敵だと思いませんか。

また、APC Dragon Leo Foundation は次世代リーダーの育成を重要課題として位置付けています。子どもたちが自然豊かな環境でのびのびと生活しながら、信頼関係の構築、真のリーダーシップ、金融の知識といったものを身につけ、どんな時代でも、どこの国にいても自分らしく生きていけるよう、人間性を育んであげることは、大人の責任です。

しかし時代は急速に進んでいますから、親が子ども時代に学んだ知識だけでは十分な教育は行えないでしょう。そこでAPC Dragon Leo Foundationでは大人向けのビジネス&ヒューマンアカデミーと、子ども向けのビリオネアキッズアカデミーを展開しています。

親子がともに学び、ともに成長し、ともに社会に貢献していく。親と子が世代を超えて手を取り合い、未来を創造していけば、日本も再び輝きに満ちた先進国として、世界にプレゼンスをアピールしていけると、私は信じています。

② 外から日本を見て日本を救え！

APC Dragon Leo Foundationは、グローバルな事業展開のプラットフォームの役割も果たします。アジアレベルのグローバルな事業構築を後押しするとともに、ネットワークづくりやM&Aもサポート。海外展開に必要なリテラシー教育も提供することで、「場所にとらわれない経営」の実現を可能にします。

また個人に対しても、法定通貨・暗号資産の管理や保全に必要なシステムを提供し、ポートフォリオの作成や、老後に向けた資産運用のお手伝いをしていきます。お金の心配がなくなれば、世界中のどこでだって暮らしていける自由を手に入れられるでしょう。

APC Dragon Leo Foundation の本部はシンガポールにあり、システム Labo はバリ島のホテル内にあります。会員がいつでも長期・中期の滞在を楽しめるように、複数の部屋を確保しています。

子どもの夏休みに合わせ、親子で金融リテラシーを学びにきてもいいですし、定年後の移住の予行練習として中期で滞在してもいいでしょう。長期で滞在し、日本とインドネシアの二拠点生活を送ることも可能です。

私は、一日の終わりにプールサイドで夜風に吹かれながらビールを飲み、仲間と未来について語り合っていると、全身から邪気が抜け、自分がまっさらになったように感じます。そして、今日はどんな学びがあったかを報告しあったりするのです。

しかしいつも話は、「いまの日本をもっとよい社会に変えるために、なにができるだろうか」というところに辿り着きます。日本社会の嫌な面を数えきれないほど目にし、長く海外暮らしをしている私ですが、やはり「日本をよくしたい」という思いは必ず根底にあるのです。

そしてそのヒントが、東南アジアにはたくさん転がっていることを前の章で解説しました。ぜひ読者のみなさんにも、外から「日本を眺める」という経験をしていただきたいと思います。

そこで得た気づきは、あなたの人生とあなたを取り巻く社会の双方に、きっとよい変化をもたらしてくれるでしょう。

③よき仲間を持て！

35歳で一生困らないだけの財をなした私が、なぜ60歳を過ぎたいまもこうして忙しく仕事をしているかといえば、それはすべて「よりよい未来を創造するため」です。私にはその方法が昔から明確に見えていましたから、邁進し続けることが、私の最大の社会貢献なのです。

本書ではその方法を6章に渡って解説してきましたが、要約すればたったの三つです。

・感謝と礼節を大切に、利他の愛で生きること。
・なににも依存せず、経済的に自立すること。
・未来のために、社会に貢献し続けること。

たったこれだけのことですが、なかなかできない人が大勢いるので、人々が行動するためのサポートをAPC Dragon Leo Foundationで、死ぬまで全力でやっていこうと思っています。

しかし、そうはいっても歳は取るもの。体調を崩す日もありますし、気弱になるときだってあります。そんなときに、いつも私を支えてくれるのは息子と仲間たちです。心から信頼でき、志を共にする仲間の存在が人生において、もっともかけがえのないものであるということを、私は日々、実感しています。

プロジェクトを推進するのが得意な人、斬新なアイデアを出すのが得意な人、SNS戦略が得意な人、交渉が得意な人。それぞれが自分の強みを発揮すれば100人のコミュニティが1万人分の成果を上げることだって、不可能ではありません。

コミュニティが1000人、1万人と拡大していけば、その影響力は天文学的な数字になります。

そして、どんなに大変な一日を過ごそうとも、夜に仲間と労いグラスを傾け、笑顔で「おやすみ」をいえれば、苦労は帳消しになるのです。

私の運営するコミュニティには、現役世代で構成される金龍隊と、シルバー世代による銀龍隊の、二つのグループがあります。よる年波には勝てませんから銀龍隊は腰が痛い、膝が痛いと、体のあちこちにガタがきています。

しかし、老い先が短いからこそ「未来の創造」に真剣です。なにがなんでも社会のために、今日より少しでもよい明日を作らなくてはと、全身全霊で人生を賭して、チャレンジを続けています。

あなたには人生をかけて成し遂げたい目標がありますか？　もしまだ模索中なら、私たちと一緒に「未来への貢献」をしていきましょう。

APC Dragon Leo Foundation は正しい金融の知識であなたの生活基盤を安定させることから始め、あなたもあなたの子どもも、グローバルな視野を持った次世代リーダーへと導いていきます。

なにものにも縛られず、自由にのびのびと生きる大人が、希望溢れる社会を築き、未来を創造していくということを、一緒に証明していきましょう。

おわりに　どうする？　ＡＩ時代の子育て

人間は自然の一部

日本で海外渡航が自由化されたのは私が生まれた3年後のことです。商用や留学ではない、観光目的の旅行に旅券が発行されるようになりましたが、渡航は年に1回までと制限がありました。

航空券は非常に高価でしたから、買えるのはほんの一握りの富裕層だけ。あれから60年で世の中は大きく様変わりしました。息子が大人になるころには、一体どんな景色になっているでしょう。

「ＡＩの進歩で多くの職業が消える」といわれるようになってから、「ＡＩ時代の子育て」や「ＡＩに負けない人間に育てるには」といったタイトルの本を多く見かけるようになりました。自分の知らない時代を生きなければならない子どもに、その力を授けなければと、親御さんも不安なのでしょう。

しかし我々は、これからＡＩと勝負をするわけではありません。どんなに科学が進歩しようと、人間の本質は変わらないのです。では、私の思う本質とはなにか。それは、**人は生き物であり、自然の一部である**ということです。

私たちの体は自然のなかで生きられるようにできています。あえて五感を研ぎ澄まさなくとも、風の温度や草木の匂いや踏みしめる地面の硬さなど、無数の情報が脳に入ってきます。

自然のなかに身を置くことで、素晴らしさや恐ろしさ、神秘などさまざまなことを学びとることができ、私たちはその学びを「生きていることの実感」に繋げることができるのです。

いつかＡＩに子育てを任せる日がくるかという議論があります。おそらく勉学の一部は、すでに人間よりＡＩのほうが、正確でわかりやすい授業を展開できるでしょう。

しかし、人が自然のなかで自らの命を実感するという経験だけは、絶対にＡＩには教えられないと私は思っています。

子どもに対し、「あなたの命がどれほど素晴らしいものか」ということを、口で説いて聞かせるのではなく、本人が自分で発見できるようにするのは、どんなに科学が進歩しようとも親の務めなのです。

私はできるだけ息子が自然に触れる機会を持てるようにと考えています。もちろん、サスティナビリティについて考えたり、科学に興味を持つことも大事ですが、自然に対して謙虚でいることや、あらゆる命が等しく大切であることを感じ取ってもらえたらいいなと思っています。

意のままにならない現実

そしてもう一つ、私が息子に自然に触れることで知って欲しいのは、世の中には意のままにならないことがあるということです。種を買ってきて、育て方を調べ綿密に計画を立てたとしても、思い通りに花を咲かせるとは限りません。

ときに辛抱強く見守り、作戦を変更し、万策尽きたら来年を持つ。自然は決して手懐けられませんから、世の中は予測不能なのです。そんな現実に直面したときこそ、人間力が試されます。ですから、思い通りにならないリアルは、小さなときから知っておくべきです。

しかし、ＡＩなら簡単に手懐けられるかというと、これがそうでもないのです。人間のように問いかけに答えてくれるチャット型のＡＩ、ChatGPTを使ったことがある人は多いでしょう。

世界中から注目を集め、世の中を大きく変える存在になるといわれるChatGPTですが、「使ってみたら、意外とつまらなかった」という人がいます。このChatGPT、つまらない質問をするとつまらない答えしか返ってこないのです。

なにも「この人にはつまらない返答でいいだろう」などとＡＩが考えて、バカにした返事をしているわけではありません。しかし、面白い投げかけをすれば、期待以上に興味深い答えが返ってきたりするのです。

つまりChatGPTが面白いかどうかは使い手しだい。ＡＩ時代がきても、社会が面白いかどうかは人間しだいなのです。どうかみなさん、ＡＩに怯えず、自分の子どもがどんな時代にも堂々と「自分ドリブン」で生きられるよう、自然のなかで「命」を実感できる機会をたくさん、用意してあげてください。

金融教育ならＡＩにもできる？

本書の第3章では、小さいうちから金融リテラシーを身につけることの大切さを解説しました。さて、この金融教育はＡＩに任せられる時代がくるでしょうか。

日本が高校のカリキュラムに設けた「ニーズとウォンツに分けたお金の使い方」や「金融商品を活用して資産運用する方法」などは、ＡＩがよい先生になってくれるでしょう。実際、ＡＩを使った資産運用を提供する証券会社は、すでにたくさんあります。

息子は7歳から株式投資環境に触れさせています。ときにＡＩが導き出すチャート予測を参考にすることもあります。

しかし**金融リテラシーにおいて本当に大切なのは、運用が上手になることではなく、価値あるお金の使い方ができるようになること**です。お金は使い方しだいで、その価値が何倍にもなりますし、ゼロにもなります。

お金の価値を決めるのは人間であり、その価値に気づけるかどうかは使う人のセンスです。センスは頭で理解するのではなく、感覚をしっかり体のなかに落とし込むことが重要ですから、金融教育の開始は早ければ早いほどよいのです。

また、センスは教室で学ぶものではなく、日常のなかで形成されていきますから、子どもに学ばせるだけでなく、親も確かな金融知識を身につけ、価値あるお金の使い方をする姿を、常に子どもに見せていかなければなりません。

さらに、自分で会社を経営しようと思うと、事業と金融リテラシーと社会システムをいかに融合するかといった判断力が求められます。私が運営するAPC Dragon Leo Foundationが、金融について親子で学ぶことを重視している理由はここにあり、センスを磨く教育は恐らく当分、ＡＩ任せにはできないでしょう。

変化に適したものが生き残る（変化の波に乗る）

南海トラフ地震や首都直下型地震はこの先の10年くらいで起こるのではないかといわれています。東日本大震災をはるかに凌ぐ復興費がかかれば、日本経済はひとたまりもありません。

さらに富士山噴火が重なれば文字通り、日本沈没です。また、台湾有事への懸念も年々高まっています。仮にこれらのことが起こらなかったとしても、年金や医療費はいつか破綻するかもしれません。寿命が伸びる一方で出生率が上がらないのですから、いまの子どもたちが大人になるころには、さらに過酷な世の中になっています。

しかし未来を憂いても仕方がありません。地震や噴火は防げませんし、国の少子化対策の成果も見えてきませんから、個人が頑張って、とにかくなんとか生き延びるしかないのです。

グローバル人材になるための第一歩として、英語の習得が挙げられますが、これはもう、「できて当たり前」と考えてください。「ＡＩと翻訳アプリがあれば語学力なんていらない」という人がいますが、それは違います。

では、なぜ英語を身につけなければいけないのか。それは話者の母数が多いからです。私の拠点の一つ、マレーシアはマレー系・中華系・インド系で構成されており、公用語はマレー語ですが、社会の共通語として英語が使われています。

いわゆる英語圏の国に、共通語として英語を使っている国を合わせると、話者の数はおよそ15億人。あなたやあなたの子どもが、このなかの一人に入れれば生存率はグッと上がります。

いわゆるＧＡＦＡのような企業がアメリカ以外で生まれない理由も、ここにあると思っています。単純に話者が多ければ、優秀な人材を見つけやすく、生存競争に勝ちやすいのです。

これからの時代は、英語が話せることがアドバンテージなのではなく、話せないことがディスアドバンテージだと思ってください。子どもをどんな時代の変化にも適応できる人間に育てたいのなら、語学の壁など華麗に乗り越え、多様な文化に多く触れることです。

ちなみに私はというと、インドネシア語は生活に困らない程度にできますが、英語は恥ずかしながら得意ではありません。ディスアドバンテージを十分に理解している私は、周囲から「ジョニーは心で通じるから」と思ってもらえるよう、「愛される自分づくり」に余念がありません。

英語ができないからといって卑屈になることはなく、誰かの助けに依存するわけでもなく、素直な心で向き合うことで周囲に溶け込んでいます。

しかし、息子のように複数言語を苦もなく操れたら、もっと世界は広がるだろうと、この歳になってジレったく感じていたりもするのです。

人生は未完のアート（世界から愛される日本人に！）

私が35歳で海外へ飛び出したときは、日本に対し絶望に近い感情を抱いていました。会社や社会に依存し、自分ではなんの努力もしないのに、他人が成果を上げると羨んだり足を引っ張ったり。また、少しばかりお金を持つと偉くなったように振る舞い、他人を見下す人をあまりに多く見すぎたのでしょう。

「社会は人によって作られるが、壊すのも人なんだ」ということを知り、日本社会で生きていく自信を無くしてしまったのです。

しかしいま私は、日本人の仲間とともに社会に貢献していくためのコミュニティを運営しています。一人でも多くの日本人が豊かな生活を手に入れ、世界への貢献活動に参加できるよう、仕組み作りをしているのです。

東南アジアで出会う日本人たちはみな、社会へ対する冷静な目と、未来へ対する情熱を持っています。いくつになっても学ぶ姿勢を失わず、新しいものを柔軟に受け入れ、常に意識をアップデートし続けています。

そんな仲間たちとともに、どうすれば希望に溢れた未来を創造できるかと必死に考え、日夜、奮闘しているわけですが、その心情はさながら「焼き豆腐の心底」といったところでしょうか。

この言葉は江戸っ子の言葉遊びから生まれたもので、例え火の中、水の中でもやり通すという強い意志を表しています。泥臭くがむしゃらに頑張ることさえも、洒落の効いた表現で周囲を和ませる、江戸の粋な遊び心は、いまを軽やかに生きるためのヒントになるでしょう。

私は本書で日本人に欠けている点をいくつか指摘してきましたが、それは決して欧米に劣っているということではありません。失われた30年で自信をなくし、忘れてしまった日本の素晴らしさを取り戻してほしいと思っています。

そのためにはまず、一人ひとりが自由に伸びやかに人生を思い描いていくことが大切です。私が息子に見せたいのは、ひたむきに頑張る自分の背中ではなく、周囲への思いやりを忘れず、笑顔で楽しく生きる自分の姿です。

子どもに生きることの素晴らしさを教える方法は、自分が人生を楽しむことしかないと思っています。そして、生きることの素晴らしさを知っている人間だけが、時代の変化に適応し、未来を創造する次世代リーダーになれるのです。

日本人にはグローバルリーダーとしてのポテンシャルが十分にあると私は思っています。愛・礼節・感謝の精神を持った人格者たちが、世界中でリーダーシップを発揮し活躍してくれれば、日本は再び世界から愛される国になるでしょう。私はそのリーダーの育成に人生を賭けるつもりです。

明日の自分をクリエイトするのは自分自身です。私は60歳を過ぎたいまもなお、人生というアートを描いている最中です。もしいまあなたが、現状に不安や不満を抱いているなら、仕方がないと受け入れず、自分の意思で筆を取り、「生きたい自分」を描いてください。

一番大切なことは、明るく素直に毎日をエンジョイすること。ぜひみなさん、ともに手を取り合い、プロデュース＆マネージメントの意識を持ち、日本の新時代を築いていきましょう。

編集協力：小林さやか
編集・制作：土肥正弘（ドキュメント工房）

決定版 次世代帝王学
10代でミリオネア
未来の日本のための7つの提言

2024年11月17日　初版第1刷発行
著　者：ジョニー岡本
発行者：晴山陽一
発行所：晴山書店
〒173-0004　東京都板橋区板橋2-28-8　コーシンビル4階
TEL　03-3964-5666／FAX 03-3964-4569
URL　http://hareyama-shoten.com/
発　売：サンクチュアリ出版
〒113-0023　東京都文京区向丘2-14-9
TEL　03-5834-2507／FAX 03-5834-2508
URL　https://www.sanctuarybooks.jp/
印刷所：恒信印刷株式会社

ISBN978-4-8014-9408-4